# LA GUÍA DEL BUEN ABOGADO

## Empieza por ti

Alejandra Marqués

# LA GUÍA DEL BUEN ABOGADO

## Empieza por ti

Alejandra Marqués

Primera edición: enero, 2026

Título original: La guía del buen abogado. Empieza por ti.


*info@rapitbook.com*
*www.rapitbook.com*

ISBN: 978-84-10484-43-6

Autora: Alejandra Marqués

Imagen de cubierta: generada utilizando Gemini

Edición: Andrés Cárdenas

Impresión y encuadernación: Impresrapit, S. L.
*www.impresrapit.com*

Este libro ha sido editado con mimo y magia en los talleres de Rapitbook, donde los relojes corren hacia atrás y el Conejo Blanco cuida los derechos de autor.



**Impreso en España** - *Printed in Spain*

*Para Fernando, Candela y Juan,*
*compañeros de vida y mi mayor inspiración.*
*Gracias por impulsarme siempre a dar lo mejor de mí.*

# CONTENIDO

# PRÓLOGO
## Por Laín García Calvo

No hay nada más frustrante que salir de una carrera universitaria para empezar a ejercer y....

¡NO SABER QUÉ HACER!

Nada llega a tu vida por casualidad sino por CAUSAlidad, por principio de causa y efecto, por SINCRONICIDAD.

Así que si tienes este libro en tus manos, significa que tiene algo especial para ti que te ayudará a llevar tu vida al siguiente nivel.

Disfrútalo!

Laín Garcia Calvo,<br>
Autor de *La voz de tu alma.*

# PRÓLOGO

## Por Fernando Mateas Castañer

Han pasado más de cuarenta años desde que crucé por primera vez la puerta de un juzgado. Desde entonces he dedicado mi vida al Derecho penal, una disciplina tan apasionante como exigente, que no perdona la improvisación ni la falta de rigor. En estas décadas he visto brillar a muchos abogados y, también, he visto cómo otros se perdían en un camino que creían conocer. Si algo he aprendido es que el éxito en nuestra profesión nunca es fruto del azar, se construye, día a día, sobre una base firme de método, constancia y autoconocimiento.

Por eso, cuando llegó a mis manos *La Guía del Buen Abogado*, supe de inmediato que estaba ante una herramienta verdaderamente valiosa para quienes empiezan. Esta obra contiene lo que a todos nos habría gustado tener al iniciar nuestra carrera: un mapa claro, honesto y bien estructurado del camino que debe recorrer quien aspire a ejercer el Derecho con solvencia, integridad y propósito.

Alejandra ha logrado condensar en cuatro semanas de trabajo guiado lo que a muchos nos llevó años comprender. Aquí no se prometen atajos —porque no los hay—, pero sí se ofrece una metodología consistente para construir una carrera sólida. Desde la comprensión de los fundamentos de la profesión hasta el desarrollo de habilidades personales y profesionales esenciales, cada capítulo está diseñado para acompañar al joven abogado en ese tránsito complejo entre la teoría y la práctica.

Quien siga esta guía con disciplina —estudiando, formándose de manera continua, observando, escuchando, y esforzándose en mejorar un poco cada día— descubrirá que el crecimiento profesional no es un misterio, sino una consecuencia natural del trabajo bien hecho. Este libro no solo orienta, transforma. Y lo hace desde la experiencia real, desde la vocación de servicio y desde un profundo respeto por una profesión que exige lo mejor de nosotros mismos.

Me habría gustado tener una guía así cuando empecé. Hoy, tras cuatro décadas de ejercicio, puedo afirmar que todo abogado que interiorice estas enseñanzas, que mantenga la curiosidad y el compromiso firme, encontrará inevitablemente su propio camino hacia el éxito.

Recomiendo esta obra sin reservas. No es solo una lectura, es una compañera de viaje.

Fernando Mateas Castañer.
Abogado experto en Derecho Penal.

# INTRODUCCIÓN

## Presentación de la mentora

Bienvenido a esta guía diseñada para jóvenes abogados que buscan orientación en sus primeros pasos en la profesión. Soy Alejandra Marqués, abogada con más de 25 años de experiencia en el ejercicio de diversas ramas del derecho. A lo largo de mi carrera, he trabajado en despachos grandes y pequeños, he sido abogada *in-house* en empresas y directora del área legal regional de una *Big Four*.

Además de mi trayectoria profesional, mi camino ha estado marcado por un profundo interés en el desarrollo personal y el bienestar, lo que me llevó a incorporar la meditación mindfulness en mi día a día. Gracias a ello, he aprendido a manejar el estrés y gestionar mis emociones, algo fundamental en una profesión tan exigente como la abogacía.

A través de esta guía, quiero compartir contigo no solo conocimientos técnicos, sino también herramientas prácticas para que construyas una carrera alineada con tus valores, habilidades y objetivos personales.

Más allá de esta guía, tenemos un programa de desarrollo y acompañamiento que puede ayudarte a implementar todo lo aprendido de una forma más rápida y eficaz.

## Objetivos de la guía

Esta guía tiene como objetivo ayudarte a:

- Descubrir qué áreas del derecho se alinean mejor con tus habilidades y fortalezas.
- Construir una metodología de trabajo eficiente y sostenible.
- Desarrollar habilidades clave como la gestión del tiempo, *networking* y marca personal.
- Aprender a gestionar el estrés y mantener un equilibrio entre tu vida personal y profesional.
- Tomar decisiones informadas sobre tu futuro en la profesión legal, ya sea por cuenta propia o ajena.
- Más allá del conocimiento técnico, esta guía te dará herramientas prácticas para ejercer la abogacía de manera efectiva y sin perder de vista tu bienestar personal.

## ¿Para quién es esta guía?

Esta guía está dirigida a:

- Recién graduados en Derecho que no tienen claro qué área del derecho les interesa.
- Jóvenes abogados que buscan mejorar su metodología de trabajo y organización.
- Profesionales que quieren desarrollar su marca personal y potenciar su red de contactos.
- Cualquier abogado que desee equilibrar su vida profesional y personal sin renunciar al éxito.

Si alguna vez te has sentido perdido en tu camino profesional, esta guía es para ti.

## Cómo aprovechar esta guía

Para sacar el máximo provecho de esta guía:

- Tómate tu tiempo. No se trata solo de leer, sino de aplicar lo aprendido en tu día a día.
- Haz los ejercicios. A lo largo de la guía encontrarás herramientas prácticas que te ayudarán a conocerte mejor y mejorar tu desempeño profesional.
- Te recomiendo que utilices un bolígrafo y una libreta para hacer los ejercicios, porque es la forma más efectiva de que vayas aterrizando todos los conceptos y poniéndolos en práctica.
- Sigue la estructura semanal. Cada módulo está diseñado para darte el conocimiento en el orden adecuado.
- Interactúa y pregunta. La guía es un camino de aprendizaje conjunto. No dudes en buscar apoyo y compartir tus experiencias.

Este no es un curso teórico más, sino un manual práctico para construir la carrera legal que deseas. ¡Empecemos!

# SEMANA 1:

# FUNDAMENTOS DE LA PROFESIÓN DE ABOGADO

## 1.1. Introducción a la profesión legal

El objetivo de esta primera semana es que los jóvenes abogados comprendan la verdadera amplitud y diversidad del ejercicio profesional y se liberen de la idea de que solo existe un único camino para «tener éxito».

Esta profesión es mucho más que juicios y despachos. El Derecho debe entenderse como herramienta para transformar realidades.

Cuando pensamos en un abogado, muchas veces nos viene a la mente la imagen de alguien en una sala de juicios, con toga, defendiendo un caso ante un juez. Pero la abogacía es mucho más que eso. Es una profesión extraordinariamente versátil, con caminos muy diversos que puedes recorrer en función de tu personalidad, tus valores, tus intereses... y también del estilo de vida que deseas construir.

La clave no está en «hacer lo que toca», sino en ejercer desde donde tú quieres, no desde donde el mundo te dice.

> Pregunta para reflexionar: ¿Por qué elegiste estudiar derecho? ¿Qué tipo de abogado te gustaría ser?

## ¿Dónde puede ejercer un abogado hoy?

Aquí tienes un mapa de los principales escenarios profesionales. No están todos, pero sí los más representativos para que empieces a visualizar opciones reales. Descubre dónde puedes ejercer y qué estilo encaja contigo.

### 1. Ejercicio tradicional: abogado de despacho o por cuenta propia

- Despachos grandes o boutiques legales.
  Especialización, exigencia alta, posibilidad de trabajar en casos complejos y con clientes importantes.
- Despachos pequeños / cuenta propia.
  Mayor flexibilidad, contacto directo con los clientes, necesidad de desarrollar habilidades comerciales.

Ambos son una buena opción si te gusta litigar, argumentar, negociar, asesorar clientes y tener autonomía en tu día a día o trabajar en equipo.

### 2. Abogacía *in-house*: abogado de empresa

Eres parte del equipo jurídico interno de una empresa, asesorando en temas como contratos, protección de datos, relaciones laborales o cumplimiento normativo entre otros.

Trabajas en estrecha colaboración con el negocio. Menos litigio, más prevención y estrategia. Hoy día un abogado *in-house* ha cobrado mayor relevancia dentro de la empresa lo que supone un mayor nivel de exigencia.

## 3. Sector público: oposiciones y asesoría a administraciones

Puedes trabajar como funcionario público (jueces, fiscales, abogados del Estado, técnicos jurídicos de ayuntamientos o comunidades autónomas) o como asesor externo.

Requiere estudio intensivo si optas por oposiciones, pero ofrece estabilidad y proyección a largo plazo, si te motiva el servicio público.

## 4. Organismos internacionales y ONGs

ONU, Unión Europea, Cruz Roja, Amnistía Internacional... Estas organizaciones necesitan abogados con visión global y fuerte compromiso social.

Si te interesa el derecho internacional, los derechos humanos o la cooperación, y dominas los idiomas, este puede ser tu camino.

## 5. Nuevas áreas y profesiones emergentes

- LegalTech (tecnología aplicada al derecho).
- Protección de datos y privacidad digital.
- Derecho medioambiental y ESG.
- Compliance corporativo.
- Mediación y resolución alternativa de conflictos.

Ideales si buscas combinar el derecho con innovación, tecnología o sostenibilidad y te gustan los retos nuevos, y quieres ejercer de forma no convencional.

## 6. Investigación, docencia y divulgación

El mundo académico también necesita profesionales del Derecho. Puedes investigar, enseñar en universidades o divulgar contenido jurídico accesible en redes sociales, blogs o medios especializados.

Cada vez hay más abogados que comunican en redes, hacen vídeos, podcasts o forman a otros colegas. Te encaja si disfrutas explicando y tienes un perfil reflexivo y pedagógico.

## ¿Y si no quiero litigar?

Buena pregunta. Mucha gente estudia Derecho pensando que hay que litigar sí o sí. Pero la verdad es que:

- Puedes ejercer como asesor, no como litigante.
- Puedes especializarte en consultoría legal, contratación, negociación o cumplimiento normativo.
- Incluso puedes ser gestor de conflictos, mediador, coach jurídico, o consultor de procesos legales.

> El Derecho no se limita a los tribunales. De hecho, cada vez se valora más a los abogados capaces de prevenir conflictos antes de que lleguen a juicio.

> Te cuento una anécdota sobre mí, pues durante años creí que el éxito como abogada era litigar en grandes juzgados. Me pasé horas estudiando jurisprudencia, preparando juicios... y sentía que algo no encajaba del todo. Hasta que un día, acompañando a una pyme en una reestructuración legal, descubrí que mi verdadera vocación estaba en ase-

> sorar, construir, prevenir. A pesar de que pisé los juzgados durante años, hoy, ya no los piso, y sin embargo ejerzo plenamente como abogada, con clientes que confían en mí y con un trabajo alineado con mi forma de vivir».

Qué idea clave te puedes llevar de aquí:

Hay tantas formas de ejercer la abogacía como abogados hay en el mundo. Tu reto no es encajar en un molde, sino encontrar (o construir) el camino que más se adapte a ti.

## 1.2. Áreas del Derecho y sus Oportunidades

Encuentra tu lugar en la abogacía, aunque no sea el que imaginabas al principio. Esto es lo que necesitan leer quienes están empezando para entender que la abogacía no es una línea recta, sino un camino lleno de exploración, giros y decisiones valientes.

> Cuando terminé la carrera, como muchas personas, estaba convencida de que quería ser penalista. Me apasionaba la idea de defender a inocentes, desmontar acusaciones injustas y pelear por la verdad en los tribunales. Hice incluso un curso de especialización en Derecho Penal. Pero la realidad me golpeó pronto: los juzgados olían mal —literalmente— y muchos clientes no buscaban justicia, solo rebajar condenas. Me di cuenta de que aquel «sueño de película» no era para mí.

Así empezó un camino largo, lleno de cambios, saltos, búsquedas, decepciones, aprendizajes y también descubrimientos. He ejercido por cuenta propia, como abogada *in-house*, en despachos pequeños, grandes y muy grandes.

He trabajado en derecho penal, laboral, civil, urbanismo... y cada etapa ha tenido su valor. Pero solo cuando tomé la decisión de construir una forma de ejercer el Derecho que encajara con mis valores, mi estilo de vida y mi forma de ser, encontré mi sitio.

Por eso este apartado es tan importante. Porque tu especialización no te la va a dictar la nota de tu expediente ni la moda del momento, sino lo que tú descubras de ti mismo y de lo que te hace disfrutar (o no) del Derecho.

## Las principales áreas del Derecho

Aquí te presento las áreas más comunes de especialización, con sus pros, contras y una mirada realista para que puedas comparar y tomar decisiones informadas.

## Derecho Penal

*«Mi primera decepción profesional vino en esta área. Soñaba con defender inocentes, pero descubrí que, muchas veces, el enfoque es más pragmático que justo. Esa realidad me ayudó a entender qué no quería».*

Regula los delitos y las penas. Los abogados penalistas pueden representar a acusados o víctimas en procedimientos judiciales.

**Pros:**

✓ Es una de las áreas más apasionantes del derecho.
✓ Trabajo asegurado en tribunales y litigios.
✓ Oportunidad de especialización en compliance penal, litigación penal, defensa pública, fiscalías.

### Contras:

✗ Casos de alta carga emocional (defensa de acusados o víctimas).
✗ Presión por los tiempos procesales y consecuencias graves de los casos.
✗ Requiere excelentes habilidades de argumentación y estrategia.

### Ejemplos prácticos:

Un abogado penalista defiende a un empresario acusado de blanqueo de capitales, preparando su estrategia legal con base en jurisprudencia reciente.

Un abogado de oficio representa a un cliente en un juicio por robo con violencia, analizando las pruebas en su contra y construyendo su defensa.

**EJERCICIO:** Análisis de defensa penal.

Escoge un caso penal mediático
y analiza las estrategias de defensa utilizadas.

> Reflexiona: ¿Qué pruebas o argumentos hubieras presentado en defensa o acusación?

**Ideal para ti si:**

**Te mueve la justicia social y tienes templanza emocional.**

## Derecho Civil y de Familia

*«Durante años compaginé mi especialización principal con contratos de arrendamiento y divorcios amistosos. No me parecían emocionantes, pero fueron una escuela de vida y oficio».*

### Pros:

✓ Amplia demanda de servicios (contratos, divorcios, sucesiones).
✓ Oportunidades tanto en despachos como en asesoramiento individual.
✓ Permite especialización en áreas como familia, propiedad y bienes, obligaciones y contratos, responsabilidad civil.
✓ Posibilidad de trabajar en despachos generalistas, asesoría jurídica a empresas, notarías, registros, mediación.

### Contras:

✗ Procedimientos largos en algunos casos.
✗ Alta competencia en el sector.
✗ Requiere habilidades de mediación y resolución de conflictos.

### Ejemplos prácticos:

Un abogado civilista representa a un cliente en una disputa de herencia, negociando con los herederos y tramitando la partición de bienes.

Un abogado civilista representa a un cliente en un divorcio contencioso, negociando la custodia de los hijos y la pensión compensatoria.

Un abogado especializado en responsabilidad civil demanda a una aseguradora que se niega a indemnizar a su cliente tras un accidente.

**EJERCICIO**: Análisis de casos.

Investiga dos sentencias relevantes en materia de derecho civil.

Analiza los argumentos jurídicos utilizados en ambas partes.

Reflexiona: ¿Cómo habrías enfocado el caso si fueras el abogado de una de las partes?

**Ideal para ti si:**

**Te interesa acompañar a personas en momentos clave de su vida y tienes sensibilidad para mediar con empatía y resolver conflictos con cercanía.**

## Derecho Laboral

*«Fue dentro de una empresa donde descubrí que el Derecho Laboral era lo mío. Me sentía útil, era resolutiva, y además me permitía estar cerca de la realidad diaria de trabajadores y directivos».*

Gestiona las relaciones entre empresas y trabajadores, incluyendo despidos, contratos, negociación colectiva, seguridad social, inspecciones de trabajo y conflictos laborales.

**Pros:**

✓ Alta demanda de servicios tanto en empresas como en despachos especializados.
✓ Diversidad de clientes: trabajadores, empresas, sindicatos, administraciones públicas.
✓ Posibilidad de especializarse en temas como despidos, discriminación, acoso laboral o negociación colectiva.

✓ Consultoría en RRHH, asesoramiento sindical, despachos especializados, inspección de trabajo, asesor *in house*.

**Contras:**

✗ Carga emocional alta, especialmente en casos de despidos o conflictos graves.
✗ Plazos ajustados.
✗ Puede implicar litigios largos y procesos administrativos burocráticos.

**Ejemplos prácticos:**

Un abogado laboralista asesora a una empresa en la redacción de contratos de trabajo y protocolos de prevención de riesgos laborales.

Un trabajador despedido de forma improcedente contrata a un abogado laboralista para negociar una indemnización justa.

Un abogado laboralista representa a una empresa en una inspección de trabajo que podría derivar en sanciones.

**EJERCICIO**: Estrategia de defensa en un caso de despido.

Imagina que representas a un trabajador despedido de forma improcedente.

Diseña la estrategia legal para defender sus derechos en una demanda contra la empresa.

Explica que pruebas necesitarías y qué indemnización podrías solicitar.

**Ideal para ti si:**

**Te gusta negociar, ir a juicio y asesorar a partes enfrentadas.**

## Derecho Mercantil / de Empresa

*"Mis primeros pasos por cuenta propia incluyeron la redacción de contratos sencillos entre empresas, constitución de S.L. Parecían poca cosa, pero me ayudaron a ganar confianza y reputación».*

Regula la actividad de las empresas y sus relaciones comerciales, incluyendo contratos comerciales, derecho bancario, derecho de la competencia y propiedad intelectual.

### Pros:

✓ Aplicable a todo tipo de empresas, desde pymes hasta multinacionales.
✓ Gran crecimiento en sectores como el comercio internacional y el e-commerce.
✓ Posibilidad de trabajar en despachos, asesorías jurídicas internas o consultorías.

### Contras:

✗ Requiere conocimientos en economía y finanzas para entender mejor el negocio.
✗ Regulaciones cambiantes, especialmente en comercio internacional.
✗ Implica negociaciones complejas y contratos de alto riesgo.

### Ejemplos prácticos:

Un abogado mercantilista asesora a una empresa tecnológica en la redacción de acuerdos de distribución internacional.

Un abogado especializado en derecho bancario ayuda a un cliente a impugnar una cláusula abusiva en su contrato hipotecario.

**EJERCICIO**: Simulación de contrato.

Redacta un contrato de compraventa de empresa con cláusulas de garantía y resolución de conflictos.

Analiza qué riesgos pueden surgir y cómo mitigarlos desde un punto de vista legal.

**Ideal para ti si:**

**Te gustan los contratos, el orden, el lenguaje preciso.**

## Derecho Corporativo (Corporate Law)

Es una subespecialización dentro del derecho mercantil que se enfoca en la estructura, gobierno y regulación de las empresas.

### Pros:

✓ Trabajo estratégico en fusiones, adquisiciones, gobierno corporativo y reestructuraciones.
✓ Ámbito muy demandado por inversores, startups y grandes empresas.
✓ Oportunidades en despachos especializados y asesoría jurídica in-house en empresas.

### Contras:

✗ Trabajo con alta presión y tiempos ajustados.

✗ Procesos complejos que requieren conocimientos financieros y de negocio.
✗ Puede implicar trabajo internacional, lo que exige conocimientos en derecho comparado y buen dominio del idioma inglés.

**Ejemplos prácticos:**

Un abogado de corporate asesora en la compra de una empresa por parte de un fondo de inversión, estructurando la transacción y asegurando el cumplimiento normativo.

Un despacho de corporate lidera la transformación de una empresa familiar en una sociedad anónima con inversores externos.

**EJERCICIO:** Caso de estudio.

Analiza una fusión o adquisición empresarial reciente.

Identifica los riesgos legales y estratégicos involucrados.

Redacta un informe con las mejores prácticas para este tipo de operaciones.

**Ideal para ti si:**

**Te atrae el mundo empresarial, disfrutas trabajando con estructuras complejas y quieres participar en decisiones estratégicas que marcan el rumbo de las empresas.**

## Derecho Administrativo

*"Me enamoré del urbanismo casi sin darme cuenta, en un despacho donde empecé a tocar temas municipales. La combinación de técnica, impacto social y visión a largo plazo me atrapó. Hice una especialización y me abrió un nuevo mundo".*

Regula la relación entre ciudadanos y la Administración Pública. Se ocupa de licitaciones, sanciones, urbanismo y responsabilidad patrimonial del Estado.

### Pros:

✓ Oportunidades en el sector público y privado.
✓ Especialización en contrataciones públicas y regulaciones sectoriales.
✓ Relación con empresas que trabajan con el Estado.
✓ Asesoría a empresas que contratan con la Administración, defensa en sanciones administrativas, oposiciones para el sector público.

### Contras:

✗ Procesos burocráticos largos y rígidos.
✗ Necesidad de conocimientos técnicos en cada sector regulado.
✗ Dependencia de cambios normativos y políticos.

### Ejemplos prácticos:

Un abogado administrativo asesora a una empresa en la presentación de una oferta para un contrato público de construcción.

Un abogado especialista en derecho urbanístico impugna una sanción impuesta a un particular por realizar una obra sin licencia.

**EJERCICIO**: Simulación recurso administrativo.

Redacta un recurso de reposición conta una sanción impuesta por una administración pública.

Explica los fundamentos jurídicos en los que basas tu reclamación.

**Ideal para ti si:**

**Te interesan los proyectos públicos, la normativa y el desarrollo urbano.**

## Derecho Fiscal y Tributario

Se encarga de la fiscalidad de empresas y particulares, planificación fiscal, optimización de impuestos, cumplimiento de obligaciones tributarias y litigios fiscales.

**Pros:**

✓ Sector con alta demanda, especialmente en empresas y grandes patrimonios.
✓ Puede generar ingresos estables, ya que los clientes requieren asesoramiento continuo.
✓ Oportunidad de trabajar en despachos especializados, consultorías o departamentos fiscales de empresas, o en la administración tributaria.

**Contras:**

✗ Legislación compleja y en constante cambio, requiere actualización constante.
✗ Puede implicar trabajo técnico y analítico, lo que no es adecuado para todos los perfiles.

✗ En litigios fiscales, los procedimientos pueden ser largos y burocráticos.

**Ejemplos prácticos:**

Un abogado fiscalista asesora a una empresa en la optimización de su carga tributaria cumpliendo con la normativa vigente.

Un particular recibe una sanción de Hacienda y contrata a un abogado fiscal para recurrirla y evitar el pago de una multa desproporcionada.

Un despacho especializado en fiscalidad internacional ayuda a una empresa española a estructurar su expansión en Latinoamérica minimizando riesgos fiscales.

**EJERCICIO**: Simulación de una estrategia de planificación fiscal.

Escoge un tipo de empresa (startup tecnológica, empresa familiar, multinacional).

Diseña una estrategia de optimización fiscal, considerando deducciones, beneficios fiscales y cumplimiento normativo.

Explica como minimizarías los riesgos de una inspección tributaria.

**Ideal para ti si:**

**Tienes un perfil analítico, meticuloso y disfrutas resolviendo retos técnicos con impacto económico. Además, te interesa asesorar a empresas o personas en decisiones clave.**

## Derecho Internacional y de la Unión Europea

*«Aunque no lo ejercí directamente, sí que estuve en un gran despacho internacional, y vi cómo requiere un buen conocimiento de idiomas, perspectiva y conocimiento normativo internacional profundo».*

Esta especialización abarca las normativas que regulan las relaciones entre Estados, organizaciones internacionales, empresas multinacionales e individuos en el ámbito global. Se divide en varias ramas, como el Derecho Internacional Público, el Derecho Internacional Privado y el Derecho de la Unión Europea.

**Pros:**

✓ Oportunidades en organismos internacionales (ONU, UE, OMC, Corte Penal Internacional).
✓ Trabajo en empresas multinacionales y despachos con clientes internacionales.
✓ Ámbito en constante crecimiento por la globalización y los tratados internacionales.
✓ Posibilidad de trabajar en arbitraje internacional y resolución de conflictos transnacionales.

**Contras:**

✗ Alta competitividad para acceder a puestos en organismos internacionales.
✗ Requiere dominio de varios idiomas (inglés, francés, entre otros).
✗ Legislación compleja, con interacción de normativas nacionales e internacionales.
✗ Puede implicar traslados o residencia en el extranjero para acceder a mejores oportunidades.

**Ejemplos prácticos:**

Un abogado de la UE trabaja en la Comisión Europea revisando normativas sobre competencia y ayudas estatales para garantizar el cumplimiento de la legislación comunitaria.

Un abogado de derechos humanos colabora con un organismo de la ONU en casos de refugiados y desplazados por conflictos internacionales.

Un abogado internacional representa a un cliente en un litigio sobre inversiones extranjeras en un arbitraje ante el CIADI (Centro Internacional de Arreglo de Diferencias Relativas a Inversiones).

**EJERCICIO**: Simulación de un caso de arbitraje internacional.

Investiga un caso de arbitraje relevante (por ejemplo, CIADI o Corte Internacional de Justicia).

Analiza los argumentos presentados por ambas partes.

Escribe un resumen proponiendo cómo habrías defendido a una de las partes.

**Ideal para ti si:**

**Sueñas con trabajar para el bien común y te sientes ciudadano del mundo.**

## Derecho Digital, Protección de Datos y LegalTech

El mundo está dando un giro muy rápido al ámbito digital. Mis compañeros expertos en derecho digital, protección de datos y legal tech necesitaron no solo conocimientos legales sino técnicos, incluyendo el lenguaje internacional que se requiere. Ahora bien, su posición hoy día es más ventajosa gracias a su gran especialidad y trabajan para las grandes empresas a nivel mundial.

Esta especialización abarca la regulación de la tecnología, la ciberseguridad, la privacidad, el comercio electrónico y la propiedad intelectual en el entorno digital. Es un área en crecimiento debido a la transformación digital y al aumento de normativas como el Reglamento General de Protección de Datos (RGPD) en Europa, así como la más reciente regulación sobre la IA (Inteligencia Artificial).

**Pros:**

✓ Alta demanda en empresas tecnológicas, multinacionales y despachos especializados.
✓ Campo en expansión debido al avance de la inteligencia artificial, blockchain y el comercio electrónico.
✓ Variedad de clientes, desde startups hasta grandes corporaciones.
✓ Oportunidad de trabajo internacional, ya que muchas regulaciones afectan a empresas globales.

**Contras:**

✗ Requiere conocimientos técnicos, especialmente en ciberseguridad y tecnologías emergentes.

✗ Alta competencia en el sector, con abogados, ingenieros y expertos en compliance compitiendo por los mismos puestos.
✗ Trabajo preventivo más que litigioso, lo que puede no ser atractivo para quienes buscan litigar.

**Ejemplos prácticos:**

Un abogado especializado en protección de datos asesora a una empresa que ha sufrido una filtración de datos personales, ayudándola a cumplir con los requisitos legales de notificación a la Agencia de Protección de Datos.

Un despacho de derecho digital asesora a un marketplace en la redacción de sus términos y condiciones para cumplir con la Ley de Servicios Digitales de la UE.

Un abogado digital trabaja en un caso de derechos de autor en el ámbito del streaming, defendiendo los intereses de un creador de contenido frente a una plataforma que ha monetizado su trabajo sin permiso.

**EJERCICIO**: Análisis de un caso real.

Investiga un caso reciente sobre protección de datos o derecho digital. (Ejemplo: sanciones por incumplimiento de RGPD, conflictos de propiedad intelectual en plataformas digitales, regulaciones IA).

Resume los hechos principales y las normativas aplicables.

Expón tu propia opinión sobre cómo debería haberse resuelto el caso.

**Ideal para ti si:**

**Te apasiona la tecnología, los datos y la transformación digital.**

## Compliance y Buen Gobierno

El compliance busca garantizar que las empresas cumplan con normativas legales y éticas, evitando riesgos legales y reputacionales.

### Pros:

✓ Sector en crecimiento por el aumento de regulaciones.
✓ Oportunidades en grandes empresas y multinacionales.
✓ Compliance officer en empresas, auditoría legal, despachos especializados en cumplimiento normativo.

### Contras:

✗ Puede ser visto como un área de prevención, no de litigio o acción directa.
✗ Implica gestión documental y auditorías internas constantes.

### Ejemplo práctico:

Un compliance officer desarrolla un programa de prevención de delitos económicos para una empresa del sector financiero.

**EJERCICIO**: Elaboración de un código ético.

Redacta un código de conducta empresarial para una empresa ficticia.

Define que sanciones se aplicarían en caso de incumplimiento.

**Ideal para ti si:**

**Tienes sentido ético, te gusta trabajar con procedimientos claros y te interesa proteger a las empresas desde la prevención, asegurando que actúan conforme a la ley y con integridad.**

## Derecho de la Sostenibilidad y Medioambiental (ESG)

*"En mi última experiencia en una Big Four, descubrí que el Derecho también puede contribuir a cambiar la forma en que las empresas entienden su responsabilidad social".*

Regula la responsabilidad ambiental de empresas, energías renovables y cambio climático.

**Pros:**

✓ Ámbito en auge con nuevas normativas de sostenibilidad y ESG.
✓ Relación con derecho internacional y derecho corporativo.
✓ Asesoría a empresas en ESG (*Environmental, Social, Governance*), litigación ambiental, organismos públicos y ONGs.

**Contras:**

✗ Ámbito aún en desarrollo con marcos normativos en evolución.
✗ Puede requerir conocimientos técnicos en medioambiente y energías renovables.

**Ejemplos prácticos:**

Un abogado medioambiental asesora a una empresa en la reducción de su impacto ambiental para cumplir con normativas de la UE.

Un despacho especializado en ESG representa a comunidades afectadas por proyectos industriales contaminantes.

**EJERCICIO**: Propuesta de regulación ambiental.

Identifica una problemática ambiental de tu país.

Propón una regulación legal para abordar el problema y justifica su viabilidad.

**Ideal para ti si:**

**Te interesa el impacto social y quieres ejercer con valores**

Como verás, en todas las ramas del derecho se requiere un constante seguimiento de los cambios normativos. Son dinámicas y cambiantes en todos los casos e incluso algunas ramas aunque se sustentan en normas existentes se regulan de forma novedosa.

**Preguntas para seguir reflexionando:**

¿Qué tipo de cliente quiero tener?

¿Prefiero litigar o asesorar?

¿Necesito estabilidad o libertad?

¿En qué entorno quiero trabajar?

**EJERCICIO FINAL**: Mapa comparativo personal.

Completa esta tabla según lo que has aprendido en este módulo y lo que sabes de ti:

| Área del Derecho | ¿Por qué me atrae? | Pros que me convencen | Contras que me preocupan |
|---|---|---|---|
| Ej. Derecho Laboral | Me gusta la negociación | Alta demanda, juicios frecuentes | Carga emocional intensa |

> Recuerda: No tienes que elegir ahora «para siempre», solo explorar con honestidad lo que te llama. Las respuestas llegarán si te haces buenas preguntas.

## 1.3 Autoevaluación: Identificando fortalezas y habilidades

Es importante, cómo hacerlo bien y cómo interpretar los resultados para tomar decisiones estratégicas sobre tu camino profesional. Conocerte es el primer paso para avanzar con seguridad.

Antes de lanzarte a especializarte o buscar trabajo en una determinada área del Derecho, es esencial que te tomes un momento para mirar hacia dentro. La autoevaluación no es solo un ejercicio de reflexión: es una herramienta estratégica.

Conocerte bien te permite:

- Elegir con mayor claridad en qué área puedes destacar.
- Detectar qué habilidades necesitas reforzar para llegar a donde quieres.
- Comunicar mejor tu valor cuando hablas con clientes, empleadores o compañeros.
- Evitar frustraciones intentando encajar en roles que no se ajustan a tu perfil.

Recuerda: No se trata de ser «bueno en todo», sino de saber dónde brillas y dónde puedes mejorar con intención.

**EJERCICIO 1**: Test de Autoconocimiento Jurídico.

Aquí tienes un test diseñado para evaluar las habilidades y fortalezas de los jóvenes abogados que acaban de terminar la carrera, enfocado en cómo estas se relacionan con el ejercicio en diversas ramas del derecho.

El test abarca áreas clave como habilidades técnicas, comunicación, pensamiento crítico, y capacidad para adaptarse a diferentes especialidades legales.

Es un test online que te ayudará a entender que tipo de abogado eres (Analítico y autodidacta, comunicativo y extrovertido, estratégico y líder o meticuloso y detallista).

Al hacerlo online, recibirás un acompañamiento online con correos semanales que te proporcionarán contenido extra.

> «Este test no define tu futuro, pero sí te puede mostrar un camino. Confía en lo que resuene contigo. A veces, leer una descripción y pensar 'esto soy yo' ya es una señal de hacia dónde ir».

**EJERCICIO 2**: Matriz de Habilidades y Preferencias.

Ahora que sabes qué áreas te atraen, toca descubrir si tus habilidades encajan con ellas, o si necesitas fortalecer alguna para avanzar en esa dirección.

## ¿Cómo hacerlo?

- Evalúa tus habilidades de forma honesta del 1 al 5: (1 = necesito mejorar mucho, 5 = me siento muy seguro en esto).
- Añade ejemplos reales o experiencias concretas.
- No tienen que ser profesionales: vale una exposición oral en clase, una negociación con compañeros de grupo o una práctica.
- Relaciona cada habilidad con las áreas del Derecho donde se suele necesitar.

## Tabla de evaluación personal

| Habilidad | Puntuación (1-5) | Ejemplo de experiencia | Áreas del Derecho relacionadas |
|---|---|---|---|
| Redacción jurídica | ☐ 1 ☐ 2 ☐ 3 ☐ 4 ☐ 5 | Redacté demandas estando en prácticas | Civil, Mercantil, Laboral, Contencioso-Administrativo. |
| Oratoria y argumentación | ☐ 1 ☐ 2 ☐ 3 ☐ 4 ☐ 5 | Debate en clase, simulacro de juicio | Penal, Laboral, Civil |
| Investigación jurídica | ☐ 1 ☐ 2 ☐ 3 ☐ 4 ☐ 5 | Búsqueda de jurisprudencia | Penal, Laboral, Civil, Administrativo |
| Gestión del tiempo y organización | ☐ 1 ☐ 2 ☐ 3 ☐ 4 ☐ 5 | Organicé varios plazos en unas prácticas | Todas las áreas |
| Negociación | ☐ 1 ☐ 2 ☐ 3 ☐ 4 ☐ 5 | Medié en un conflicto laboral | Laboral, Penal, Civil, Familia |
| Empatía y habilidades personales | ☐ 1 ☐ 2 ☐ 3 ☐ 4 ☐ 5 | Acompañé a un cliente en un divorcio | Familia, Penal, Laboral |
| Capacidad analítica | ☐ 1 ☐ 2 ☐ 3 ☐ 4 ☐ 5 | Resolví un caso práctico complejo | Fiscal, Urbanismo, Mercantil |

| Habilidad | Puntuación (1-5) | Ejemplo de experiencia | Áreas del Derecho relacionadas |
|---|---|---|---|
| Uso de tecnología legal | ☐ 1 ☐ 2 ☐ 3 ☐ 4 ☐ 5 | Manejo bases de datos legales | Digital, Protección de Datos, LegalTech |
| Trabajo en equipo | ☐ 1 ☐ 2 ☐ 3 ☐ 4 ☐ 5 | Proyecto colaborativo en clínica legal | Corporate, despachos, multinacionales |
| Ética profesional | ☐ 1 ☐ 2 ☐ 3 ☐ 4 ☐ 5 | Asumí responsabilidad en una entrega | Todas las áreas, especialmente Compliance |

### ¿Qué hago con esta información?

Observa qué habilidades tienes más fuertes (4–5).

Pregúntate: ¿están alineadas con las áreas que me interesan?

Si sí ➲ estás en buen camino.

Detecta las más débiles (1–2).

¿Son imprescindibles para el área que quiero?

Si sí ➲ busca cómo desarrollarlas: cursos, práctica, mentoría, retos personales.

Haz un plan de acción sencillo.

Verás cómo hacerlo en el apartado 4 de la lección 4.

## Ejemplo práctico

Si quieres especializarte en Derecho Penal, pero has puntuado bajo en oratoria y te bloqueas al hablar en público no pasa nada. Puedes empezar a practicar con simulaciones, cursos de expresión oral o incluso teatro.

Si te interesa el Derecho Mercantil, pero sientes que te falta precisión en redacción, puedes empezar revisando contratos reales y escribiendo resúmenes jurídicos con feedback de alguien con experiencia.

## Reflexión final

*"Auto conocerse no es una tarea de un día. Es un proceso constante de observarte, probar cosas y ajustar el rumbo. Cuanto más honesto seas contigo mismo, más poder tendrás para elegir con libertad y construir una carrera a tu medida".*

Felicidades, ya hemos finalizado la primera semana y tienes todas las herramientas y conocimientos necesarios para decidir o confirmar en su caso, la rama del derecho que mejor se adapta a ti y con la que podrás asesorar a todos tus clientes y futuros clientes desde la coherencia. Ahora ya tienes una visión realista de cómo quieres ejercer la Abogacía y un objetivo claro para llegar a conseguirlo.

# SEMANA 2:

# GESTIÓN DEL TIEMPO Y ORGANIZACIÓN

Ahora que ya tienes esa primera aproximación al ejercicio de la Abogacía, ponte manos a la obra.

«No tengo tiempo», «me faltan horas en el día», «voy apagando fuegos» ... Si alguna vez has dicho esto, no estás solo. La abogacía exige mucho, pero tú no estás aquí para sobrevivir, sino para ejercer tu vocación con eficacia y equilibrio.

Una de las principales barreras que frenan el crecimiento de los abogados, especialmente en los primeros años, es la dificultad para gestionar bien el tiempo y organizar su trabajo de forma eficiente. Lo sé porque yo también pasé por ahí: jornadas eternas, tareas que se acumulaban, plazos que apretaban... y la sensación constante de no llegar a todo.

Con los años, descubrí que el conocimiento técnico no basta. Puedes ser excelente en derecho procesal, pero si no sabes priorizar, planificar y estructurar tus días, tu energía se dispersa, el estrés se dispara y la calidad del trabajo cae.

Esta semana está dedicada a ayudarte a cambiar eso. Vamos a ver herramientas sencillas pero poderosas, hábitos clave y formas de pensar que te ayudarán a pasar del caos a una práctica legal más estructurada, estratégica y tranquila.

## ¿Dónde puede ejercer un abogado hoy?

No se trata solo de «ser organizado». En el ámbito legal, una mala planificación puede tener consecuencias graves: plazos perdidos, escritos mal preparados, clientes frustrados o juicios que se enfrentan sin la debida preparación.

Aquí te resumo por qué dominar esta habilidad puede marcar la diferencia entre sobrevivir como abogado... o destacar:

- Plazos procesales estrictos: En derecho, el tiempo no perdona. Un solo día de retraso puede echar por tierra todo un procedimiento.
- Múltiples casos en paralelo: Es raro trabajar en un solo asunto. Sin método, lo urgente se come lo importante, y el agotamiento aparece.
- Clientes con urgencias: Muchas veces llegan tarde, y esperan respuestas rápidas. Solo si estás organizado puedes responder con calidad y sin estrés.
- Dependencia de terceros: Sin un control proactivo, puedes verte esperando documentos clave... que no llegan a tiempo.
- Necesidad de planificar más allá del plazo: No puedes trabajar al límite. Hay que prever errores, repasar con calma y dejar espacio para lo inesperado.

> Te cuento una anécdota personal: Recuerdo un caso en el que la contestación a una demanda vencía en diez días. Si lo hubiese dejado para el final, no habría tenido tiempo de revisar bien la documentación ni de detectar una cláusula clave que terminó siendo el eje de nuestra defensa. La clave estuvo en pedir todo desde el día uno, reservar tres días completos para redactar y dejar margen para revisión antes del plazo. Ese caso me reafirmó: el éxito legal también se construye con buena gestión del tiempo.

Un consejo clave para evitar errores por falta de organización:

- Solicita toda la documentación desde el primer día. No asumas que el cliente lo enviará solo. Guía tú el proceso.
- Planifica con antelación, no con el plazo final en mente. Añade siempre márgenes.
- Usa herramientas de gestión de tareas. Tasks de Google, Trello, Asana, Notion o incluso una agenda en papel bien estructurada.
- Haz seguimiento activo. Si alguien no te entrega lo necesario, recuérdaselo tú. Asume el control del flujo.
- Prioriza con criterio. No hagas primero lo más ruidoso, haz primero lo más importante.

Recuerda: No se trata de hacer todo. Se trata de hacer lo que realmente mueve tu carrera hacia delante.

Por eso, esta semana también aprenderás a:

- Establecer metas concretas y realistas (no listas eternas).
- Elegir qué tareas hacer, cuáles delegar y cuáles eliminar.
- Organizarte para trabajar con cabeza, no solo con esfuerzo.

### En qué profundizaremos esta semana:

✓ Reducir el agobio diario.
✓ Sentir que avanzas con foco y estructura.
✓ Tener el control de tus casos, tareas y tiempos.
✓ Evitar errores por prisa o falta de planificación.
✓ Mejorar la relación con tus clientes gracias a una gestión más profesional.

> Esta semana no es solo de teoría: es de acción. Cambiar tu forma de organizarte puede ser el mayor salto de calidad de toda tu carrera. Y empieza ahora.

## 2.1 Priorización y establecimiento de metas

La base de una buena organización no está en hacer más, sino en hacer lo que realmente importa. Como abogado con experiencia, he aprendido que no se trata solo de trabajar muchas horas, sino de enfocar esa energía en las tareas que verdaderamente mueven tu carrera hacia adelante. Esta semana, nos centraremos en aprender a priorizar de forma inteligente y a establecer metas claras que nos guíen.

### Definir objetivos SMART

Una meta sin estructura es solo un deseo. Por eso, una de las herramientas más potentes que puedes incorporar desde el principio es el enfoque SMART:

- Específica.
- Medible.
- Alcanzable.
- Relevante.
- Con un tiempo definido.

Cuando estaba empezando, uno de mis objetivos era atraer mis primeros cinco clientes particulares. En lugar de decir «quiero más clientes», lo convertí en algo SMART:

«Durante los próximos dos meses, asistiré a tres eventos de *networking* al mes y publicaré un artículo semanal en LinkedIn sobre temas legales que afectan a autónomos para captar al menos cinco clientes particulares antes del 30 de junio».

¿Resultado? A los 45 días ya había captado a tres. Y lo mejor: me sentía en control, no perdida en la incertidumbre.

## Definir objetivos SMART

- Específico: Conseguir cinco nuevos clientes particulares en derecho de familia.
- Medible: cinco nuevos clientes.
- Alcanzable: Es un número razonable si se trabaja la visibilidad y el contacto directo.
- Relevante: Está alineado con el crecimiento del despacho y tu posicionamiento como abogado.
- Temporalizado: En los próximos dos meses.

**EJERCICIO**: Tu primer objetivo SMART.

Piensa una meta que tengas para las próximas tres semanas.

Escríbelas en modo SMART:
Voy a [acción específica],
durante [periodo de tiempo],
con el objetivo de [resultado concreto y medible].

## La Matriz de Eisenhower: Urgente VS. Importante

Otra de las herramientas que marcó un antes y un después en mi forma de trabajar fue esta matriz. Me di cuenta de que muchas veces confundía «urgente» con «importante» y eso me agotaba. Con esta matriz aprendí a decidir mejor y a decir «no» sin culpa.

> Así es mi día a día:
>
> Importante + Urgente: Presentar un escrito con fecha límite de hoy.
>
> Importante + No urgente: Leer una nueva sentencia del TS relevante para mi especialidad.
>
> No importante + Urgente: Corregir una tabla de Excel que puede hacer mi asistente.
>
> No importante + No urgente: Scroll en redes sociales o aceptar una reunión sin objetivo claro.

**EJERCICIO**: Tu matriz personal.

1. Haz una lista con todas tus tareas de esta semana.
2. Clasifícalas en las cuatro categorías de la matriz.
3. Elimina o reduce las tareas que están en el cuadrante de «No urgente y no importante».

¿Cuántas realmente te acercan a tus objetivos SMART?

> Recuerda: No intentes hacerlo perfecto, hazlo funcional. Priorizar es un músculo, se fortalece con la práctica.

### Conclusión

La organización comienza con la claridad. Cuando sabes hacia dónde vas, puedes decir que no a lo que no suma, y concentrarte en lo que verdaderamente te impulsa.

Una vez entendí que no todo era igual de importante, empecé a tener tiempo para lo que de verdad me hacía crecer, como abogada y como persona.

## 2.2 Técnicas de gestión del tiempo y productividad

Establecer prioridades es el primer paso, pero para sostener una práctica legal eficaz necesitas ir más allá. La productividad no consiste en hacer muchas cosas, sino en hacer las cosas adecuadas en el momento adecuado, sin dejar que las interrupciones o el agotamiento te arrastren.

En este apartado descubrirás técnicas probadas que te permitirán mantener el foco, aprovechar mejor tu energía mental y reducir la sensación de estar siempre corriendo.

## La Ley de Parkinson: El tiempo no se estira, se llena.

*«El trabajo se expande hasta llenar el tiempo disponible para que se termine»* – C. Northcote Parkinson. Es decir, si te das una semana para hacer algo que podrías terminar en dos horas, probablemente tardes la semana entera.

En el ejercicio de la abogacía, esto es muy común. Redactar una demanda, preparar un informe o revisar un expediente puede convertirse en una tarea interminable si no ponemos límites. La clave está en asignar tiempos concretos y realistas, y aprender a trabajar con enfoque.

Entender esta ley no solo te ayuda a ser más productivo, sino también a evitar la sensación constante de ir «siempre corriendo» o de vivir apagando fuegos. Es especialmente peligrosa en el mundo jurídico, donde los plazos, los informes y las gestiones pueden parecer infinitas. Si no pones límites claros, una tarea sencilla puede comerse tu día entero.

### ¿Cómo aplicarla?

- Establece tiempos límites realistas pero firmes para cada tarea. Si necesitas redactar una demanda, no te digas «lo hago hoy», di «lo haré entre 10:00 y 12:00».
- Usa bloques de trabajo enfocados, por ejemplo: técnica Pomodoro (25 min de foco + 5 min de pausa, lo comentamos más adelante).

- Evita el perfeccionismo paralizante: no todo necesita el 110 % de tu energía. Pregúntate: ¿Esto aporta valor real o solo me da sensación de control?

> **EJERCICIO**:
>
> En lugar de dedicar toda la mañana a preparar un recurso sencillo, limita el tiempo a dos horas. Al saber que tienes margen, te centrarás más y reducirás distracciones.

## Diagrama de Ishikawa o del Pez: Encuentra la causa, no te pierdas en el síntoma

También conocido como diagrama causa-efecto, esta herramienta te ayuda a identificar qué está realmente provocando tus problemas de gestión del tiempo o desorganización. A veces creemos que «no nos da la vida» cuando el verdadero problema es que no priorizamos bien, que no delegamos o que no tenemos sistemas claros. Se puede aplicar perfectamente en el ámbito de la abogacía, especialmente cuando quieres mejorar procesos, detectar errores frecuentes, entender por qué un cliente no queda satisfecho, o analizar por qué se pierde eficiencia o se cometen fallos.

### Diagrama de Causa-Efecto adaptado a la abogacía

«Retrasos en la entrega de demandas redactadas a tiempo al cliente o al procurador».

- Categoría: Posibles causas (espinas).

- Método:
  - No hay checklists claros para cada tipo de demanda.
  - No se establecen plazos internos.
  - Falta de reuniones de seguimiento.
- Medios técnicos.
  - El sistema de gestión documental va lento o presenta fallos.
  - Pérdida de archivos por mala organización digital.
- Mano de obra / Equipo.
  - Redacción delegada sin revisión final.
  - Sobre carga de trabajo.
  - Falta de coordinación entre abogado y paralegal.
- Clientes.
  - Cliente entrega tarde la documentación.
  - Cliente no responde correos ni llamadas.
- Organización.
  - No hay agenda compartida ni alertas.
  - Se posponen tareas hasta última hora.
- Comunicación.
  - No se informa al procurador con tiempo.
  - Errores en la versión final no detectados por falta de revisión cruzada.

**EJERCICIO**: Plan de acción rápido.

Haz una lista con tus tres tareas más repetidas.

Ponles un tiempo y respétalo.

Haz un diagrama del pez con tu problema más frecuente.

Identifica una mejora concreta en hábitos o herramientas.

Repite este análisis mensualmente hasta que tu forma de trabajar te represente.

## Técnica Pomodoro: Ritmo, concentración y descanso

El trabajo se expande hasta llenar el tiempo disponible. Esta técnica es especialmente útil en tareas que requieren atención sostenida, como redactar un escrito, estudiar jurisprudencia o preparar una audiencia. Su dinámica es simple pero potente:

¿Cómo funciona?

- Trabaja 25 minutos en una sola tarea.
- Descansa 5 minutos.
- Cada cuatro ciclos, haz una pausa más larga de 15-30 minutos.

¿Por qué funciona?

Te ayuda a evitar distracciones, entrenar la concentración y no sobrecargar tu mente y entrar en modo foco, especialmente en tareas que pueden parecer pesadas o difíciles, como redactar un escrito o estudiar una sentencia.

Ejemplo en el despacho: Un abogado está redactando un recurso de apelación. En lugar de intentar escribir durante dos horas seguidas, aplica la técnica Pomodoro: cuatro bloques de 25 minutos totalmente centrado, con descansos breves entre medias. Un bloque para búsqueda de sentencias, otro bloque para análisis, otro para redacción de demanda y otro para la revisión y mejora de la demanda.

El resultado: menos errores, más claridad y menos agotamiento.

**EJERCICIO**: Puesta en práctica.

Elige una tarea legal
(prepara un escrito, un recurso...).

Programa dos horas en tu día y
divídelas en cuatro pomodoros.

Apunta cuántas interrupciones has tenido, cómo
te has sentido y que has conseguido avanzar.

## Regla del 80/20 (Principio de Pareto): Maximiza tu impacto

El principio de Pareto es uno de los grandes aliados del abogado que quiere trabajar con inteligencia. Fue desarrollado por el economista italiano Vilfredo Pareto, quien observó que el 80 % de la riqueza en Italia estaba en manos del 20 % de la población. Más tarde, se comprobó que este patrón se repite en muchos otros ámbitos.

**«El 80 % de tus resultados**
**proviene del 20 % de tus acciones».**

¿Qué significa esto en la práctica jurídica?

- El 20 % de tus clientes pueden generar el 80 % de tus ingresos.
- El 20 % de tus tareas generan el 80 % del valor para tus casos.
- El 20 % de tus esfuerzos pueden resolver el 80 % de los problemas de un asunto.

Cómo aplicarlo paso a paso:

- Identifica el resultado que quieres mejorar (productividad, rentabilidad, satisfacción del cliente...).
- Analiza los datos disponibles: ingresos por cliente, incidencias, horas facturadas, etc.
- Detecta el 20 % clave que genera la mayoría de los resultados positivos o negativos.
- Actúa sobre ese 20 % con medidas correctoras o de refuerzo.

**Ejemplo realista:**

Revisas tu cartera de clientes y descubres que la mayoría de tus ingresos vienen de tres clientes recurrentes. En lugar de invertir tiempo en pequeñas consultas aisladas que apenas cubren costes, decides dedicar más tiempo a cuidar esa relación, anticiparte a sus necesidades y mejorar tus servicios premium.

**EJERCICIO**: Puesta en práctica.

Haz una lista de tus tareas o clientes habituales.

Identifica cuales generan más valor económico o profesional.

El 80 % de tus avances vendrán del 20 % de tus acciones. Si estás empezando, este principio te ayuda a no dispersarte.

¿Qué es lo que de verdad importa en esta etapa?

- Aprender bien una materia jurídica específica.
- Ganar visibilidad para atraer a tus primeros clientes.
- Establecer contactos que te abran puertas (otros abogados, colegios profesionales, asociaciones...).

**Ejemplo:**

En lugar de invertir horas en revisar toda la normativa laboral, puedes elegir especializarte en un nicho, como despidos disciplinarios. Eso te permite posicionarte más rápido, preparar contenido útil y buscar clientes específicos.

**EJERCICIO**: Puesta en práctica.

Haz una lista de tus actividades semanales.

Señala cuales contribuyen directamente a conseguir clientes o experiencia.

## Bloques de Tiempo y «Deep Work»: Trabajo sin distracciones

Las interrupciones fragmentan tu pensamiento, alargan tareas y desgastan tu energía mental. Si te cuesta avanzar en tareas complejas, es probable que no sea falta de capacidad, sino de foco. La dispersión es el gran enemigo de quienes empiezan. Por eso, organizar tu semana en bloques temáticos puede ayudarte a avanzar con enfoque, aunque aún no tengas una agenda llena de citas o procedimientos.

*Deep Work* significa trabajar en profundidad durante un bloque de tiempo prolongado sin interrupciones, especialmente en tareas que requieren análisis, escritura o concentración estratégica.

**Ejemplo de aplicación:**

Reservar cada mañana de 9 a 11h exclusivamente para trabajo técnico: redacción, revisión de contratos, estudio del caso.

Durante ese tiempo: móvil en modo avión, correo cerrado y notificaciones desactivadas.

**EJERCICIO**:

Abre tu calendario semanal.

Bloquea al menos tres sesiones de 1,5 - 2 horas a la semana para tareas de concentración.

Asigna esas sesiones a trabajos que realmente requieren tu enfoque o creatividad.

> Consejo: Trata estas citas contigo mismo como si fueran reuniones con un cliente. No se mueven salvo urgencia real.

Si aún no tienes muchos clientes, aprovecha estos bloques para:

- Estudiar jurisprudencia y legislación.
- Preparar contenido para tu web, blog o redes.
- Hacer seguimiento de contactos o enviar propuestas de colaboración.
- Participar en actividades del colegio de abogados.
- Cuidar tu salud mental y tu vida personal (sí, esto también es productividad).

Ejemplo de estructura semanal para quien está empezando:

| Día | Mañana | Tarde |
|---|---|---|
| Lunes | Estudio jurídico (*Deep Work*) | Redacción de contenido / Blog |
| Martes | *Networking* online / llamadas | Formación (curso, máster, lectura) |
| Miércoles | Preparación de escritos modelo | Búsqueda de clientes / propuestas |
| Jueves | Revisión jurisprudencial | Autocuidado o deporte |
| Viernes | Agenda libre / repaso semanal | Cierre y planificación |

**EJERCICIO:**

Bloquea en tu calendario al menos una franja de dos horas para tareas clave (formación, visibilidad, etc.). Incluye también un bloque semanal para la vida personal (descanso, ejercicios, ocio)
Si tu no te cuidas, tu negocio tampoco.

## Vida profesional y personal: equilibrio desde el inicio

Empezar en la abogacía no significa renunciar a tu vida personal. De hecho, cuanto antes aprendas a equilibrar tus tiempos, más sostenible será tu carrera.

- Si no agendas tiempo para ti, otros lo ocuparán por ti (clientes, urgencias, reuniones sin propósito...).
- Asegúrate de incluir al menos tres actividades que te ayudan a recargar energía a la semanal.
- No como «cuando pueda», sino como citas reales contigo.

Sugerencia: describe tu día ideal, y desde tu día ideal incluye en tu calendario actividades que te ayuden a acercarte a ese día ideal.

### Conclusiones

No importa si estás empezando o ya tienes una carrera avanzada, tu tiempo es tu activo más valioso. Aprender a gestionarlo desde el principio te permitirá construir una práctica legal sólida, estratégica y con sentido.

Haz que cada hora trabaje a tu favor, no en tu contra. Tú marcas el ritmo, tú eliges el enfoque.

Estas técnicas no son rígidas ni mágicas. Son herramientas para que tú tomes el control de tu jornada, trabajes con más claridad y tengas más energía al final del día.

### Herramientas complementarias que pueden ayudarte:

- Calendarios digitales: Google Calendar, Outlook.
- Apps de control de tiempo: Rescue Time, Focus To Do, Pomodoro.
- Gestión de tareas: Tasks, Trello, Notion, Todoist.
- Modo «no molestar» en el móvil o bloqueadores de webs: FocusMe, Cold Turkey.

## 2.3 Metodología de trabajo: Gestión de casos, clientes y honorarios

Una metodología de trabajo clara no es solo un signo de profesionalidad, es una herramienta de protección, te ayuda a evitar errores, gestionar mejor tu tiempo, dar una imagen sólida ante tus clientes y sentirte con el control en cada paso del proceso.

Tanto si ya estás gestionando varios asuntos, como si aún estás buscando tus primeros clientes, cuanto antes establezcas una estructura clara de trabajo, más confianza generarás... y más crecerás.

Este apartado es clave, porque marca la diferencia entre improvisar y ejercer con profesionalidad desde el primer momento, incluso si apenas se tienen clientes.

### El flujo de trabajo de un caso legal

Gestionar un caso legal no empieza en el juzgado. Empieza en el primer contacto. Tener un esquema claro, que puedas repetir y adaptar, te permitirá trabajar con orden y transmitir confianza.

Estructura base de cualquier caso:

## 1. *Onboarding* del cliente

Primera toma de contacto, recopilación de información, verificación de documentación.

- Reúne toda la información clave: hechos, plazos, documentos.
- Explica claramente el proceso y expectativas desde el principio.
- Y si se trata de un Cliente nuevo, no olvides cumplir con la normativa de blanqueo de capitales. Recopila la información estrictamente necesaria sobre el Cliente o su empresa para evitar posibles responsabilidades y perjuicios posteriores.

## 2. Evaluación del caso

Analiza la viabilidad, riesgos, posibles escenarios y valora si es un asunto que puedes asumir o derivar.

- En esta fase defines si el asunto encaja con tu perfil y tu especialización.

## 3. Definición de estrategia

Desarrolla un plan de acción realista y comprensible para el cliente. Establece fases, tiempos y presupuesto estimado.

- Cuanto más visual y claro lo plantees, más seguridad transmites.

## 4. Ejecución y seguimiento

Aquí entra la operativa del caso: presentación de escritos, llamadas, control de plazos, atención al cliente.

- Utiliza herramientas para registrar avances y comunicarlos al cliente.

## 5. Cierre y facturación

Una vez resuelto el asunto, entrega resultados por escrito, pide feedback y formaliza la facturación.

- Esta etapa es clave para fidelizar al cliente y generar recomendaciones.

### Ejemplo práctico

Un cliente acude con un problema de impago.

- Fase 1: Primera reunión donde explica los hechos y entrega factura impagada.
- Fase 2: Evalúas si es viable una reclamación judicial o extrajudicial. Y le presentas la propuesta de encargo de tus honorarios para que el cliente la acepte.
- Fase 3: Propones una estrategia de requerimiento previo + demanda monitoria.
- Fase 4: Ejecutas cada paso y mantienes al cliente informado de cada avance.
- Fase 5: Una vez cobrada la deuda, cierras el caso, agradeces la confianza y emites la factura final.

**EJERCICIO**: Crea tu propia plantilla.

Recopila datos del cliente.

Checklist de documentación necesaria.

Preguntas clave para la reunión inicial.

Fases claras del proceso.

Modelo básico de propuesta y presupuesto.

## Estructura de honorarios: claridad y profesionalidad

Uno de los mayores errores al comenzar es no saber cómo cobrar o sentir incomodidad al hablar de dinero. Lo importante aquí es que tú tengas claro cuánto vale tu trabajo, cómo se estructura el pago y cómo se comunica.

| Tipo de Caso | Estructura de Pago |
|---|---|
| Casos simples (ej. contratos) | Pago único por adelantado |
| Casos por fases (ej. litigios) | 50 % al inicio<br>25 % a mitad<br>25 % al finalizar |
| Casos con éxito condicionado | Tarifa fija + porcentaje sobre el resultado obtenido |
| Servicios continuos (empresas) | Cuota mensual |

Lo más importante, siempre dejarlo por escrito y con aceptación del Cliente. Nada de acuerdos verbales vagos.

### Ejemplo práctico:

En un procedimiento de divorcio contencioso:

Propones 50 % al inicio, 25 % tras la audiencia previa y 25 % al presentar conclusiones.

El cliente sabe desde el día uno cuándo va a pagar y cuánto, lo que genera tranquilidad a ambas partes.

**EJERCICIO**: Con clientes o no, prepara modelos y propuestas.

Una para casos simples.

Una para casos largos.

Otra para asuntos recurrentes.

¿Cuántas realmente te acercan a tus objetivos SMART?

Recuerda entregar siempre una propuesta formal por escrito. No solo te protege legalmente, sino que posiciona tu trabajo como un servicio serio y profesional.

### Conclusión

Tener una metodología propia, incluso antes de tener una cartera llena de clientes, es una de las decisiones más inteligentes que puedes tomar. Te permite trabajar con claridad, crecer con orden y transmitir una imagen sólida desde el principio.

Tu forma de trabajar es tu carta de presentación. Construirla desde ahora es un acto de confianza en tu propio potencial.

## 2.4 Organización Documental y Financiera del Despacho

Tener una buena estructura documental y un control financiero claro no es solo cosa de despachos grandes. Es una necesidad desde el momento en que decides ejercer por cuenta propia.

Una mala organización puede hacer que pierdas documentos importantes, que olvides facturar un servicio, que confundas plazos o incluso que trabajes gratis sin darte cuenta.

La organización documental y financiera del despacho es uno de los pilares menos visibles, pero más determinantes a largo plazo. Un abogado que no domina este aspecto se arriesga a perder tiempo, oportunidades... o incluso credibilidad profesional.

Tanto si estás empezando como si ya tienes clientes, este apartado te va a ayudar a construir una base sólida, eficiente y profesional para tu día a día.

- Gestión Documental y Digitalización:
  - Tu despacho no es solo lo que ves en tu mesa. Son tus expedientes, tus escritos, tus plantillas y toda la documentación que respalda tu trabajo. Por eso, lo primero es establecer un sistema de organización digital clara, accesible y segura.

- Herramientas recomendadas:
  - Google Drive, Dropbox o OneDrive: para almacenamiento seguro en la nube.
  - Evernote o Notion: para notas, agendas, esquemas o seguimiento de casos.
  - Canva o Word con plantillas: para documentos visuales y presentaciones a clientes.
- Normas básicas de orden:
  - Crea una carpeta por cliente o caso. Ejemplo: Clientes / García Juan / Divorcio_Contencioso_2025
  - Nombra los archivos con estructura clara: Demanda_PensiónAlimenticia_Garcia_20abril2025.pdf
  - Ten plantillas prediseñadas para contratos, escritos iniciales, presupuestos y comunicaciones.

**Ejemplo práctico:**

Una vez que tienes varios clientes, la clave es mantener orden y trazabilidad. Si no puedes encontrar en 30 segundos un escrito de hace ocho meses, necesitas mejorar tu sistema documental.

Recomendación: haz un repaso mensual de tus carpetas y realiza copias de seguridad automáticas.

**EJERCICIO**: Aunque no tengas clientes, llévalo a la práctica.

Haz carpetas simuladas de tus áreas de interés.

Prepara documentos base: propuesta de honorarios, modelo de contrato, ficha de cliente.

Empieza a documentar tu aprendizaje jurídico (ej: resúmenes de sentencias o modelos de escritos).

## Control Financiero y Facturación

Gestionar los números de tu despacho es tan importante como defender un caso. Si no sabes cuánto ganas, cuánto gastas o cuándo te van a pagar, tu negocio se resiente. El control financiero no es opcional, es parte de tu práctica profesional que además te sirve como herramienta para medir tus objetivos.

- Buenas prácticas desde el principio.
- Registra todos tus ingresos y gastos.
- Puedes empezar con una hoja de Excel sencilla, o usar herramientas como Quipu, Anfix o Holded.
- Diferencia entre gastos fijos y variables.
- Calcula tu tarifa mínima por hora para que sepas cuándo estás trabajando por debajo de lo rentable.
- Emite facturas siempre, aunque el cliente no las pida y haz el seguimiento hasta el cobro.

### Ejemplo práctico:

Tienes un cliente habitual al que asesoras cada mes. En vez de emitir facturas sueltas, implementas una cuota mensual con facturación automática. Esto facilita el cobro, mejora tu flujo de caja y ahorra tiempo administrativo.

## Consejo financiero si estás empezando:

Comienza con casos cortos y de cobro rápido (ej. redacción de contratos, recursos simples, consultas) para generar flujo de caja mientras desarrollas tu especialización.

Esto te permite ganar experiencia sin arriesgar tu estabilidad financiera desde el principio.

Una buena práctica, tengas o no tengas experiencia, es crear una reserva equivalente a tres meses de gastos básicos del despacho. Así podrás hacer frente a imprevistos sin caer en urgencias que afecten a tu toma de decisiones.

**EJERCICIO**: Tu mini sistema financiero.

Crea un Excel con tres columnas:
Fecha I Concepto I Importe.

Anota tus gastos: gestoría, teléfono...

Calcula: ¿Cuánto necesitas ganar al mes para cubrir gastos? ¿Cuántas horas tienes que trabajar (y a qué tarifa) para lograrlo?

¡No olvides pagarte a ti! Ponte un sueldo.

## Conclusión

La organización interna de tu despacho es como el motor invisible de tu carrera: no se ve desde fuera, pero determina hasta dónde puedes llegar. Si aprendes a estructurar bien tu parte documental y financiera desde el principio, evitarás errores que a muchas personas les cuestan tiempo, dinero y reputación.

La diferencia entre trabajar a salto de mata o con visión de futuro está en tu sistema. Construye uno que te dé libertad y seguridad.

## Domina tu tiempo, lidera tu despacho

Has llegado al final de una semana clave. La gestión del tiempo y la organización del trabajo no son tareas secundarias: son la base sobre la que se construye una carrera legal eficaz, sostenible y profesional.

- Ya no se trata de correr detrás de los plazos, sino de anticiparte con método.
- Ya no se trata de hacer mucho, sino de hacer lo que de verdad suma.
- Ya no se trata de improvisar con clientes, sino de tener una forma de trabajar clara y sólida.

Durante esta semana has aprendido a:

✓ Priorizar tareas con criterio y establecer metas alcanzables (SMART).
✓ Aplicar técnicas de productividad adaptadas al ejercicio de la abogacía.
✓ Diseñar tu propia metodología de trabajo, tanto si tienes muchos casos como si estás empezando.
✓ Organizar documentos y gestionar tu economía profesional con control y visión a largo plazo,

## ¿Cómo integro toda esta información?

Planificación y organización: bloquea tiempos clave en tu calendario y define un objetivo SMART para la semana.

Estructura profesional: crea al menos una plantilla (propuesta, presupuesto o encargo) y organiza tus carpetas digitales con nombres claros y consistentes.

Gestión financiera básica: registra tus gastos fijos, prepara tu modelo de factura y calcula tu tarifa mínima por hora.

La clave está en transformar lo aprendido en hábitos. No necesitas hacerlo perfecto desde el primer día. Lo que marca la diferencia son los pequeños pasos constantes semana a semana.

Recuerda: no se trata de tener todo bajo control en todo momento, sino de contar con un sistema que te permita recuperar el rumbo cuando algo se desordena.

Al final, no es cuestión de tener tiempo, sino de decidir cómo lo inviertes. Cada elección consciente que haces es una inversión en tu crecimiento y en el de tu despacho.

# SEMANA 3:

# DESARROLLO PROFESIONAL Y NETWORKING

El éxito en la abogacía no solo depende del conocimiento jurídico, sino también de la capacidad de posicionarse profesionalmente y generar oportunidades.

En este capítulo, aprenderás cómo construir una marca personal sólida, hacer *networking* de forma efectiva y crear relaciones estratégicas que impulsen tu carrera.

## 3.1. Construcción de Marca Personal y Reputación Profesional

*«El conocimiento jurídico te abre puertas. Tu marca personal es lo que hace que esas puertas se mantengan abiertas».*

El éxito en la abogacía no depende únicamente de saber mucho derecho. Hay muchas personas brillantes técnicamente que no tienen clientela, no se sienten valoradas o viven con la sensación de estar «invisibles» dentro del sector.

Tener una marca personal sólida y una reputación profesional bien construida te permite atraer oportunidades, generar confianza y destacar sin necesidad de competir por precio o por volumen de trabajo. Tanto si estás comenzando como si ya tienes experiencia, tu marca es lo que las personas dicen de ti cuando tú no estás presente.

## ¿Qué es la marca personal en la abogacía?

- No es tener un logo ni una web llamativa. La marca personal es la percepción profesional que generas en quienes te rodean: personas que podrían recomendarte, contratarte o colaborar contigo.
- Tu marca se compone de:
  - Tu forma de comunicar lo que haces.
  - Tu especialidad (real o proyectada).
  - Tus valores, estilo y trato con las personas.
  - Tu presencia digital (o su ausencia).
  - Tu forma de aportar valor, incluso antes de ser contratado.

### Ejemplo práctico:

### Abogada con experiencia consolidada

Una abogada laboralista con diez años de experiencia comienza a escribir artículos breves en LinkedIn sobre conflictos reales que ve en su día a día (manteniendo confidencialidad).

Resultado: empieza a recibir consultas directas y llamadas para colaboraciones de empresas que valoran su enfoque claro y práctico.

## ¿Por qué es clave construir tu marca desde el principio?

Porque te posicionas antes de que te etiqueten. Si tú no muestras quién eres, lo que haces y cómo lo haces, otras personas lo harán por ti... o, peor aún, no lo hará nadie.

No necesitas ser una persona conocida o tener quince años de experiencia para tener marca. Necesitas tener claridad en tu propuesta y comunicarla con coherencia.

## Pasos para desarrollar tu marca personal

### 1. Autoconocimiento: ¿Quién eres y qué aportas?

Hazte preguntas como:

- ¿Qué me interesa de verdad dentro del derecho?
- ¿Con qué tipo de personas quiero trabajar?
- ¿Qué estilo tengo al comunicar o asesorar?

#### Ejemplo práctico:

Tres palabras que me definen como profesional ahora mismo:

✓ Organizado.
✓ Resolutivo.
✓ Responsable.

Tres palabras que me gustaría que las personas asocien conmigo:

✓ Creativo.
✓ Inspirador.
✓ Visionario.

### ¿Hay coherencia entre ambas listas?

Sí, pero también hay un pequeño desfase: me ven como alguien fiable y eficiente, lo cual es valioso, pero quiero que además me perciban como alguien que genera ideas potentes, que impulsa a otras personas y que piensa más allá del día a día.

### ¿Qué puedo empezar a mostrar hoy para alinear lo que soy con lo que proyecto?

Compartir procesos creativos en redes sociales, aunque no estén terminados.

Participar en espacios donde pueda hablar desde la inspiración, no solo desde la planificación.

Mostrar mi visión a largo plazo con claridad, aunque esté en proceso de construcción.

> Este tipo de ejercicios no solo te ayudan a tener más claridad sobre tu identidad profesional, sino que también te da pistas para tomar decisiones más alineadas con el impacto que quieres generar.

## 2. Especialización: Menos es más

Especializarse no significa cerrarse, sino posicionarse con más fuerza. Si estás empezando, no hace falta haber llevado cien casos en un área para presentarte como profesional enfocado en ella.

Elige un área que te interese y empieza a profundizar:

- Sigue cuentas y medios especializados.
- Lee sentencias y comenta tu opinión.
- Participa en eventos relacionados.

Puedes presentarte como alguien «centrado en derecho laboral, con especial interés en la protección de derechos de las personas trabajadoras autónomas», aunque no tengas clientes en esa línea.

## 3. Presencia digital profesional

Tu perfil de LinkedIn es tu nueva tarjeta de presentación. Asegúrate de que:

- Tu titular dice qué haces y para quién lo haces (no solo «abogado»).
- Tienes una foto profesional y una descripción clara, humana y directa.
- Publicas o compartes contenido útil (aunque sea una vez a la semana).

**EJERCICIO**: Revisa tu perfil de LinkedIn y responde:

¿Está claro en qué área estás centrado?

¿Transmito confianza con mi presentación?

¿Se ve que estoy en activo o parece que no tengo movimiento?

## 4. Comparte contenido de valor

- No necesitas convertirte en influencer. Basta con compartir lo que ya sabes:
    - Comenta una sentencia interesante.
    - Explica un concepto jurídico con lenguaje accesible.
    - Comparte una experiencia de aprendizaje (por ejemplo, algo que descubriste estudiando un caso).

Objetivo: convertirte en una fuente útil y coherente para las personas que te siguen, sin necesidad de ser perfecto.

## 5. *Networking* estratégico (aunque no tengas muchos contactos)

El *networking* no es hacer favores por interés, sino crear relaciones profesionales genuinas. Algunas de las mejores oportunidades no se buscan, se construyen a través de conversaciones, encuentros y colaboraciones.

¿Dónde puedes empezar?

- Asiste a eventos de tu colegio de abogados.
- Comenta publicaciones de otras personas juristas en LinkedIn.
- Escríbele a una persona profesional que admires y ofrece una colaboración o simplemente interésate por su trayectoria.

**EJERCICIO**:

Haz una lista de cinco personas
que te gustaría tener cerca profesionalmente.

En los próximos diez días, interactúa con ellas (online u offline) al menos una vez.

Consejo clave: No empieces pidiendo. Empieza dando valor: una opinión, un reconocimiento, un comentario útil.

**Conclusión**

Tu marca personal no se construye con una campaña. Se construye con cada decisión que tomas, lo que eliges aprender, lo que decides compartir, cómo tratas a quienes te rodean, y cómo das forma a tu estilo profesional.

No necesitas ser conocido por todo el mundo. Solo necesitas ser reconocido por las personas adecuadas.

## 3.2. Identificación de tu Propuesta de Valor

«Tener claro lo que me interesa ya no es suficiente. Ahora quiero saber cómo destacarlo y comunicarlo».

En la primera parte de esta guía ya diste un gran paso, realizaste un test para descubrir qué área del derecho encaja mejor con tus intereses, habilidades y estilo profesional. Ese resultado no es solo una orientación, es una base sólida sobre la que ahora puedes empezar a construir tu propuesta de valor.

«¿Qué me hace diferente?»

«¿Por qué alguien me elegiría a mí y no a otra persona?»

Estas preguntas, que tantas veces se repiten en silencio, son el corazón de tu propuesta de valor. Y no se trata de inventar algo nuevo, sino de poner en palabras aquello que ya tienes y que puede aportar valor real a quienes necesitan tus servicios jurídicos.

La propuesta de valor es la base de tu posicionamiento profesional. Cuanto más claro lo tengas, más fácil será comunicar, conectar y atraer a quienes realmente quieres como clientes o colaboradores.

Este apartado te ayudará a convertir esa información en una declaración clara, coherente y práctica, que puedas utilizar para posicionarte con seguridad ante clientes, colegas, empleadores y colaboraciones.

## ¿Qué es la propuesta de valor?

Es lo que te diferencia en la práctica, lo que te posiciona y lo que hace que una persona decida confiar en ti en lugar de en otra persona profesional del derecho.

Tu propuesta de valor se apoya en:

- El área jurídica en la que decides centrarte.
- El tipo de cliente o situación que quieres atender.
- Tu estilo de trabajo, experiencia previa, enfoque o valores.

Piensa en tu propuesta de valor como una brújula, te ayuda a tomar decisiones alineadas, a comunicar mejor y a no compararte con quienes siguen un camino diferente.

**Ejemplo práctico:**

Si tu test te orientó hacia Derecho de Familia, tu propuesta podría girar en torno a:

- Separaciones y divorcios.
- Herencias y sucesiones.
- Acompañamiento legal con sensibilidad emocional.
- Y si el resultado fue Derecho Mercantil, podrías centrarte en:
  - Asesoría a pequeñas empresas.
  - Redacción de contratos comerciales.
  - Gestión de conflictos entre socios.

**Ejercicio:**

Relee el resultado del test y responde:

¿Qué áreas específicas dentro de esa rama te generan más curiosidad o motivación?

¿Qué tipo de personas se beneficiarían más de tu apoyo jurídico en ese ámbito?

¿Qué puedes empezar a estudiar, compartir o practicar desde hoy en esa dirección?

## Paso 1: Conecta con el resultado del test

Ya has hecho una reflexión profunda sobre tus intereses y habilidades. Ahora toca traducir ese resultado en una especialización que puedas comunicar con claridad y transformar en oportunidades profesionales.

## Paso 2: Construye tu enfoque profesional

No hace falta tener años de experiencia para empezar a definir tu enfoque. Si ya sabes hacia dónde quieres ir, eso ya es un punto de partida potente.

Fórmula orientativa para tu propuesta de valor:

«Acompaño a [tipo de cliente] en [problema o necesidad jurídica] a través de [tu forma de trabajar o valor añadido]».

**Ejemplo práctico:**

- «Asesoro a pequeñas empresas a proteger sus relaciones laborales con un asesoramiento cercano y actualizado».
- «Acompaño a personas en procesos de divorcio aportando soluciones jurídicas claras en un momento emocionalmente difícil».
- «Colaboro con despachos como apoyo externo en casos de derecho penal, con foco en redacción técnica y recursos».

## Escribe tres versiones de tu propuesta de valor.

Después, compártela con una persona cercana o compañera de profesión y pídele feedback:

- ¿Se entiende lo que haces?
- ¿Transmites confianza?
- ¿Se nota a qué perfil de cliente te diriges?

## Paso 3: Adáptala a tu realidad actual

Si ya tienes experiencia:

Tu propuesta de valor puede incorporar casos que ya hayas trabajado, estilos que ya has desarrollado o sectores con los que ya te has relacionado.

- «Asesoro a trabajadores del sector sanitario en la defensa de sus derechos laborales, especialmente en casos de acoso, despidos o conflictos con la administración».

Si estás empezando:

Tu propuesta de valor puede enfocarse en tu motivación, tu proceso de especialización y tu forma de entender la abogacía.

- «Estoy en proceso de especialización en derecho administrativo y me enfoco en ayudar a personas extranjeras en sus trámites con la administración pública española».

La clave está en mostrar dirección, no experiencia perfecta.

## Paso 4: Transforma tu propuesta en acción

Tener una propuesta de valor no sirve de mucho si no la comunicas. Este será el puente hacia el siguiente apartado (visibilidad), pero ya puedes empezar a:

- Incluir tu propuesta en tu perfil de LinkedIn.
- Mencionarla al presentarte en eventos o reuniones.
- Usarla como base para el contenido que compartes *online*.
- Adaptarla a tu página web o firma profesional.

**EJERCICIO**:

Escribe tu propuesta de valor definitiva en una frase breve.

Añade una versión más ampliada para tu biografía profesional.

Comprométete a utilizarla esta semana al menos una vez en público (redes, email, conversación, etc.).

**Conclusión**

Tu propuesta de valor no es algo cerrado. Es una brújula que puedes ir afinando, pero que te permite caminar con dirección. Haber definido tu área jurídica a través del test ya te ha dado una gran ventaja, ahora sabes qué camino quieres recorrer. Este apartado te ha ayudado a ponerle voz.

La claridad atrae. Cuanto más claro sea tu mensaje, más fácil será que las oportunidades correctas te encuentren.

## 3.3. Canales para darte visibilidad profesional

«No se trata de estar en todas partes. Se trata de estar donde importa, con un mensaje que conecte con quienes pueden necesitarte».

Dar visibilidad a tu trabajo no es una cuestión de ego ni de *marketing* agresivo. Es una herramienta para generar confianza, posicionarte como referente en tu especialidad y facilitar que las personas correctas te encuentren.

Lo importante no es la cantidad de sitios donde estás, sino la coherencia entre lo que haces, lo que dices y lo que se percibe de ti.

El objetivo de este apartado es ayudarte a elegir y usar los canales adecuados para darte visibilidad profesional, tanto si estás comenzando como si ya tienes experiencia.

## ¿Qué canales puedes usar para darte visibilidad como abogado?

### 1. LinkedIn: tu escaparate profesional

- Es la red más potente para posicionarte como jurista.
- Te permite conectar con clientes, colegas y potenciales colaboradores.
- Publicar contenido jurídico de valor (aunque sea una vez por semana) te diferencia inmediatamente.

#### Ejemplos de contenido para publicar:

- Comentario breve sobre una sentencia reciente.
- Resumen claro de un derecho que suele generar dudas.
- Opinión profesional sobre una novedad legislativa.
- Una experiencia personal de aprendizaje en el ejercicio jurídico.

Si ya tienes experiencia: comparte ejemplos reales (respetando la confidencialidad) o consejos prácticos que has aprendido con la práctica.

Si estás empezando: comparte reflexiones sobre tu formación, temas que estás estudiando o tus primeros pasos en el ejercicio.

**EJERCICIO**: Revisa tu perfil de LinkedIn.

¿Refleja tu propuesta de valor?

Publica esta semana un post relacionado con tu especialidad, aunque sea breve. Comprométete a utilizarla esta semana al menos una vez en público (redes, email, conversación, etc.).

Comenta al menos tres publicaciones de otros profesionales.

## 2. Web profesional o blog (opcional, pero útil a largo plazo)

No es imprescindible al inicio, pero si ya tienes una especialización definida, puede ser una excelente herramienta para posicionarte.

Un blog te permite explicar temas en profundidad y atraer personas interesadas mediante buscadores.

Contenido útil para un blog:

- Guías prácticas: «Cómo tramitar un divorcio de mutuo acuerdo».
- Preguntas frecuentes: «¿Qué puedo hacer si me despiden sin causa?».
- Opiniones jurídicas: «Por qué la última reforma del Código Penal afecta a...».
- Consejo: si decides crear una web, mantén una estética profesional, un lenguaje claro y tu propuesta de valor visible en la portada.

## 3. Redes sociales complementarias (Twitter/X, Instagram, YouTube, TikTok)

Útiles si tienes soltura comunicando y quieres llegar a públicos más amplios o específicos (por ejemplo, autónomos, jóvenes, mujeres, personas extranjeras...).

No todas las redes sirven para todo, elige en función de tu estilo, no por moda.

### Ejemplo práctico:

Un abogado de extranjería que publica vídeos breves en Instagram resolviendo dudas frecuentes puede atraer a personas con necesidad de asesoría y sin acceso fácil a información clara.

**EJERCICIO**: Busca modelos.

Observa tres profesionales del derecho que comuniquen bien.

Anota que hacen y cómo para poder adaptarlo a tu estilo.

## 4. *Networking* offline: la visibilidad cara a cara

*«Que te conozcan fuera de internet también cuenta».*

Asistir a eventos del colegio de la abogacía, formaciones presenciales, charlas o jornadas jurídicas no solo es enriquecedor a nivel profesional, sino también una forma muy efectiva de hacer conexiones reales y duraderas.

¿Qué puedes hacer?

- Participar activamente en sesiones del colegio profesional.
- Proponer colaboraciones o actividades en tu especialidad.
- Hablar de tu trabajo sin miedo a compartir lo que te motiva.

Si ya tienes experiencia: ofrece ponencias, clases, talleres o mentoring.

Si estás empezando: escucha, haz preguntas, presenta tu propuesta de valor con naturalidad.

**EJERCICIO**:

Apúntate esta semana a un evento jurídico (presencial u online).

Conecta con al menos una persona nueva y preséntate con tu propuesta de valor.

Haz seguimiento después: conéctate en LinkedIn o envía un mensaje de agradecimiento.

## 5. Colaboraciones estratégicas

Crear alianzas con otros profesionales puede multiplicar tu visibilidad:

✓ Otras personas abogadas con especialidades diferentes.

✓ Gestorías, asesorías fiscales, coaches, asociaciones...

✓ Despachos que busquen colaboradores externos.

**EJERCICIO**:

Haz una lista de tres personas o despachos con los que te gustaría colaborar.

Escribe una propuesta sencilla de colaboración que aporte valor mutuo.

Contacta al menos a una de ellas esta semana.

### Conclusión

No necesitas hacer todo a la vez. Elige uno o dos canales que encajen contigo y con el tipo de persona que quieres atraer. Y recuerda: no se trata de mostrar una imagen perfecta, sino de ser coherente, constante y auténtico.

Hazte visible sin disfrazarte. La persona profesional que eres ya tiene valor, solo necesita ser vista en el lugar adecuado.

## 3.4. Estrategias de *Networking* en el Sector Legal

«No se trata de coleccionar contactos, sino de construir relaciones que sumen valor real a tu camino profesional».

En el mundo jurídico, muchas oportunidades no se publican ni se encuentran en portales de empleo. Llegan por recomendación, colaboración o visibilidad profesional. Y para eso, necesitas estar en el radar de otras personas.

El *networking* no es solo asistir a eventos o comentar publicaciones. Es una herramienta poderosa si la utilizas con intención, generosidad y autenticidad. Tanto si estás empezando como si ya tienes una red activa, esta parte te ayudará a crear relaciones estratégicas que impulsen tu carrera.

## ¿Por qué es clave el *networking* en la abogacía?

Porque el ejercicio de la abogacía no se hace en soledad. Las relaciones profesionales:

- Te abren puertas que el currículum no consigue.
- Te conectan con personas que pueden necesitar lo que ofreces.
- Te permiten aprender de experiencias reales, casos y estrategias.
- Te ayudan a construir una reputación más allá de tu entorno inmediato.

Una buena relación profesional puede ser el puente hacia tu primer caso, una recomendación inesperada o una colaboración de largo plazo.

### Tipos de *networking* y cómo aprovecharlos

| **Tipo de *networking*** | **Cómo aplicarlo de forma estratégica** |
|---|---|
| **Presencial en eventos** | Asiste a jornadas, congresos, formaciones. Lleva preparada una breve presentación tuya y una actitud curiosa. |

| | |
|---|---|
| ***Networking online* (LinkedIn)** | Participa en grupos, comenta publicaciones, comparte contenido útil y conéctate con profesionales de tu área. |
| **Relaciones en tu entorno** | Cuida tus vínculos con compañeros, docentes, tutores de prácticas o colegas. Nunca sabes quién te recomendará. |
| **Con clientes y personas afines** | Una buena experiencia genera recomendaciones. Si trabajas con honestidad y claridad, tu red crecerá de forma natural. |

**Ejemplo práctico:**

Si estás empezando:

- Tras asistir a una jornada del colegio de abogados, escribes en LinkedIn un resumen con lo aprendido y etiquetas a la persona ponente. Esto genera visibilidad y conexión.
- Un profesor de tu máster te menciona ante un despacho que busca colaborador. Ocurre porque mantuviste el contacto con profesionalidad y actitud proactiva.

Si ya tienes experiencia:

- Un colega de otra ciudad te recomienda para un asunto que no puede asumir. Ocurre porque confía en ti y ha visto tu compromiso en otras colaboraciones.
- Un antiguo cliente te presenta a una persona emprendedora que necesita asesoría jurídica. Porque supiste no solo resolver su problema, sino mantener una relación profesional sólida.

### Claves para hacer *networking* sin sentir que estás «vendiendo»

- Escucha más de lo que hablas. El interés genuino genera conexión.
- Ofrece antes de pedir. Comparte recursos, apoya iniciativas, haz recomendaciones.
- Preséntate con claridad. Ten preparada tu propuesta de valor en una frase directa.
- Haz seguimiento. Después de un evento o conexión, escribe un mensaje breve agradeciendo el intercambio.
- Sé constante. El *networking* no es un *sprint*, es una construcción a medio y largo plazo.

**EJERCICIO**: Relaciones estratégicas.

Haz una lista de cinco personas con las que te gustaría conectar profesionalmente.

Anota una forma concreta de iniciar la conexión con cada una.

Comentar una publicación suya.

Enviar un mensaje privado con una pregunta o felicitación.

Compartir su contenido y mencionar por qué te ha sido útil.

Proponer una reunión breve online o un café para conocerse.

### Conclusión

El *networking* no es una estrategia comercial, es una herramienta de crecimiento humano y profesional. Las relaciones que construyas hoy serán los cimientos de tu reputación y de tu carrera a largo plazo.

Haz conexiones que tengan sentido, no solo impacto. La confianza profesional se construye con constancia, no con prisa.

## 3.5 La Actitud Profesional: Cómo convertirte en un abogado confiable y empático.

*«El conocimiento inspira respeto. La actitud genera confianza».*

Saber mucho derecho te abre puertas pero la forma en que tratas a las personas es lo que hace que esas puertas se mantengan abiertas. La actitud profesional es una combinación de empatía, amabilidad, serenidad y coherencia. Es lo que convierte tu trabajo en un servicio humano y no solo técnico.

### 1. Aprende a ser empático

La empatía no es debilidad, es comprensión activa. Escucha para entender, no solo para responder.

Pregúntate en cada caso:

¿Qué necesita realmente mi cliente, más allá de la solución jurídica?

¿Qué emoción hay detrás de su preocupación o su urgencia?

La empatía te permite ofrecer respuestas más ajustadas, y sobre todo, transmitir seguridad y calma.

## 2. Sé amable, incluso cuando el entorno no lo sea

La abogacía puede ser tensa, pero tu tono y tu presencia marcan la diferencia.

Ser amable no es ser complaciente, es tener firmeza con educación y claridad sin agresividad.

Recuerda: cada conversación, correo o llamada deja una huella en tu reputación.

## 3. Deja siempre tranquilo a tu cliente

Tu cliente no busca tecnicismos, busca tranquilidad.

Explícale lo esencial con palabras simples, informa con regularidad y evita los silencios prolongados.

Incluso cuando el resultado no sea el esperado, la confianza se mantiene si siente que ha estado acompañado y bien informado.

## 4. Cuida la relación con tus colaboradores

El compañerismo profesional también construye reputación. Sé una persona que facilita, no que complica.

- Reconoce el trabajo ajeno.
- Da feedback con respeto.
- Sé generoso con la información.

Una persona abogada confiable no es solo la que gana casos, sino la que sabe trabajar en equipo y generar entornos de confianza.

## 5. La coherencia como motor de credibilidad

La actitud también se demuestra con coherencia, haz lo que dices, cumple plazos, responde con honestidad.

Cuando eres predecible en lo profesional y amable en lo humano, te conviertes en alguien con quien los demás quieren volver a trabajar.

## 6. La imagen profesional: tu carta de presentación silenciosa

La primera impresión cuenta. Tu imagen transmite mucho antes de que hables, y debe estar alineada con lo que quieres proyectar: profesionalidad, seriedad y confianza. No se trata de vestirse «de abogado», sino de encontrar el punto de equilibrio entre tu estilo personal y la sobriedad profesional que inspira respeto.

### Consejos clave:

- Viste con pulcritud y coherencia con tu entorno profesional.
- Evita estridencias, tanto en la vestimenta como en la comunicación.
- Mantén una presencia cuidada, sin rigidez, pero siempre adecuada al contexto (despacho, juicio, reunión o *networking*).

Recuerda que la elegancia no está en la marca ni en el precio, sino en la discreción y la armonía entre quién eres y cómo te presentas.

Tu imagen proyecta tu actitud: serenidad, respeto y coherencia. No se trata de parecer alguien distinto, sino de reforzar tu credibilidad desde la autenticidad.

**EJERCICIO:**

Haz una lista con tres palabras que te gustaría que las personas recordaran de ti después de trabajar contigo.

Luego, piensa en tres acciones concretas que puedas empezar a practicar esta semana para reflejar esas palabras en tu día a día (por ejemplo: responder siempre con empatía, agradecer un esfuerzo, mantener la calma ante un conflicto).

## Conclusión

La actitud profesional no se enseña en la universidad, pero es la que más define tu trayectoria.

Puedes tener amplios conocimientos jurídicos, pero si no sabes transmitir serenidad, empatía y confianza, difícilmente generarás relaciones duraderas.

Ser abogado no consiste solo en resolver conflictos, sino en acompañar personas. Tu forma de mirar, escuchar, hablar y presentarte deja una huella mucho más profunda que cualquier título o sentencia ganada.

Una actitud amable, coherente y profesional convierte cada interacción —con clientes, colegas o jueces— en una oportunidad para fortalecer tu reputación.

Y cuando tu imagen, tu tono y tu comportamiento reflejan quién eres con autenticidad y respeto, tu marca personal se vuelve sólida, humana y memorable.

En la abogacía, el conocimiento abre puertas. Pero es tu actitud la que hace que esas puertas permanezcan abiertas.

## 3.6 Cómo Encontrar Mentores y Redes de Apoyo

*«Puedes avanzar solo, sí. Pero con alguien que ya ha recorrido el camino, avanzarás más rápido, con menos errores y mayor confianza».*

En la abogacía, el conocimiento técnico es esencial, pero no siempre es suficiente para tomar decisiones inteligentes o evitar errores costosos. Aquí es donde contar con una persona mentora puede marcar una diferencia enorme.

Tener una figura de referencia que te oriente, te escuche y te desafíe desde la experiencia es un recurso estratégico que muchas personas pasan por alto. Ya sea para resolver una duda concreta, planificar tu carrera o ganar perspectiva, una buena mentoría puede ahorrarte años de ensayo y error.

### ¿Por qué es tan valioso contar con un mentor en tu carrera legal?

Un mentor o mentora no es alguien que te da todas las respuestas, sino alguien que te ayuda a hacerte las preguntas correctas y a tomar mejores decisiones desde la experiencia.

Los beneficios reales de tener una guía profesional a tu lado:

- Acceso directo a conocimientos prácticos y herramientas que no se enseñan en la facultad.
- Apoyo emocional en momentos de bloqueo, confusión o cambio.

- Visión estratégica para desarrollar tu marca personal, definir tus tarifas o negociar con clientes.
- Conexión con redes profesionales que pueden abrirte oportunidades de verdad.
- Referencias, recomendaciones y visibilidad en entornos clave.

La abogacía es exigente. No tienes por qué enfrentarte a todo en soledad.

## ¿Cómo encontrar una buena persona mentora?

No necesitas esperar a que alguien te elija. Puedes tomar la iniciativa y buscar activamente a profesionales que te inspiren, con quienes compartas valores y que estén un paso (o varios) por delante en el camino que tú quieres recorrer.

### Estrategias para conectar con mentores potenciales:

Identifica personas referentes en el área jurídica que te interesa (ya lo habrás hecho en ejercicios anteriores). Observa cómo comunican, cómo trabajan y qué tipo de carrera han construido.

- Acércate desde la honestidad, no desde la necesidad. No se trata de pedirles que «te apadrinen», sino de iniciar conversaciones con sentido. Un mensaje breve, una pregunta concreta o una propuesta de reunión breve puede abrir la puerta.
- Participa en espacios donde se generan estas conexiones:
    - Programas de mentoría en colegios de la abogacía.
    - Redes de jóvenes profesionales.
    - Talleres, eventos formativos o programas especializados.

- Cultiva la relación con profesionalidad. Agradece su tiempo, pon en práctica sus consejos, comparte tus avances. El respeto, la humildad y la constancia crean vínculos sólidos.
- Mentorías online con Abogados expertos.

**Ejemplo:**

Imagina que acabas de colegiarte y te interesa el derecho mercantil. Encuentras a una abogada con una trayectoria sólida que comparte contenido en LinkedIn. Comentas uno de sus artículos, después le escribes con una pregunta específica y le cuentas que estás empezando. Con naturalidad, surge una conversación que más adelante se convierte en una relación profesional valiosa.

A veces solo hace falta dar el primer paso. El resto se construye con intención y coherencia.

¿Y si ya tienes una persona referente cerca?

Puede que ya haya alguien en tu entorno –una profesora, un colega mayor, una tutora de prácticas, incluso alguien como yo, que acompaña a personas abogadas en sus primeros pasos– con quien podrías iniciar una relación de mentoría más estructurada.

Si sientes que conectas con la visión y experiencia de alguien, exprésalo. Hazle saber que valoras su forma de ejercer y que te gustaría aprender más a su lado. Las relaciones auténticas se construyen desde la transparencia y el respeto mutuo.

Y si estás leyendo esta guía, es porque ya estás en contacto con una posible mentora que ha recorrido este camino antes que tú.

**EJERCICIO**: Reto de mentoría.

Elige una o dos personas que podrían ser buenas mentoras para ti (pueden estar en tu entorno o ser referentes en redes).

Prepara una breve presentación de quién eres y qué estás buscando profesionalmente.

Acércate con una pregunta concreta o una petición de orientación puntual.

Si la conversación fluye, propón mantener el contacto de forma más continuada (ej. una reunión al mes, un seguimiento informal, etc.).

> Objetivo: No es conseguir a la persona «perfecta», sino abrirte a recibir orientación con apertura y constancia.

## Conclusión

Una guía puede ayudarte a avanzar. Pero una mentora o mentor puede ayudarte a tomar atajos reales, evitar errores comunes y mantener el foco cuando las dudas aparecen. La abogacía no es una carrera individual, es un camino que se fortalece en compañía.

Pedir ayuda no es signo de debilidad. Es una decisión estratégica para crecer con más seguridad y menos desgaste.

## 3.7 El Enfoque comercial en la abogacía: De profesional jurídico a profesional estratégico

*«Ser una persona abogada excelente no basta si nadie sabe qué haces, cómo lo haces o por qué debería elegirte a ti».*

La abogacía de hoy ya no es solo técnica. Es también comunicación, posicionamiento, conexión y estrategia. No se trata de venderte, sino de transmitir tu valor con claridad y generar oportunidades de forma sostenible y profesional.

Tanto si estás comenzando como si ya tienes trayectoria, aprender a gestionar tu parte comercial es esencial para construir un despacho rentable, humanizado y alineado con tu forma de ejercer el derecho.

### - 1. Desarrolla una propuesta de valor sólida

¿Por qué alguien debería contratarte a ti y no a otra persona?

Este no es un ejercicio de autoestima, es un elemento estratégico de diferenciación. Una propuesta de valor clara permite que tu mensaje sea memorable, reconocible y alineado con las necesidades reales de tu cliente ideal.

Tu propuesta puede basarse en:

- Tu especialización: «Soy experto en asesoría mercantil para pymes tecnológicas».
- Tu forma de trabajar: «Ofrezco acompañamiento cercano y práctico, sin tecnicismos innecesarios».
- Tus resultados: «He logrado resolver el 70 % de mis casos por vía extrajudicial».

- Tu innovación: «Uso herramientas digitales que agilizan los trámites y reducen los costes para mis clientes».

## - 2. Define tu público objetivo con precisión

No todos los clientes son ideales. Cuanto más claro tienes a quién puedes ayudar mejor, más efectiva será tu estrategia comercial.

Pregúntate:

- ¿Me dirijo a particulares, empresas, autónomos, jóvenes emprendedores?
- ¿Mi especialidad responde a problemas concretos? ¿Estoy especializado en una tipología de casos?
- ¿Dónde busca información mi cliente ideal? ¿Cómo llega a un abogado o abogada?

**Ejemplo práctico:**

Un abogado que trabaja con personas extranjeras puede decir:

«Ofrezco asistencia legal práctica para extranjeros que quieren regularizar su situación en España, desde un enfoque claro, accesible y humano».

**EJERCICIO**: Diagnóstico profesional: sintetiza el problema con claridad.

Dibuja el perfil de tu cliente ideal (edad, situación legal, tipo de necesidad, cómo busca ayuda) y adapta tu mensaje a ese perfil.

## - 3. Posiciónate como experto compartiendo contenido útil

La visibilidad no es vanidad. Es coherencia entre lo que sabes hacer y lo que comunicas.

Cuando compartes contenido útil y relevante, te posicionas de forma natural. Las personas te verán como una referencia antes incluso de contactarte.

Opciones de contenido:

- Artículos en LinkedIn o en tu blog.
- Comentarios a sentencias relevantes o cambios legales.
- Participación en grupos de debate o comunidades jurídicas.
- Webinars, vídeos o incluso guías descargables con consejos prácticos.

**Ejemplo práctico:**

Una persona abogada especializada en Derecho Laboral puede hacer publicaciones como:

«Qué hacer si te despiden sin preaviso: tres pasos inmediatos que debes conocer».

**EJERCICIO**:

Haz una lista de tres temas sencillos y útiles relacionados con tu especialidad.
Publica uno esta semana y observa la interacción.

## - 4. Ofrece una primera consulta estructurada y profesional

El primer contacto es una oportunidad, no solo una conversación.

Una consulta bien planteada transmite seguridad, experiencia y profesionalidad. Incluso si es gratuita, debe estar diseñada con intención y estrategia.

Estructura recomendada:

- Escucha activa: deja que la persona exponga su situación.
- Diagnóstico profesional: sintetiza el problema con claridad.
- Opciones legales: explica posibles soluciones de forma comprensible.
- Propuesta de colaboración: muestra cómo puedes ayudar y qué incluiría tu servicio.
- Siguiente paso claro: deja definida una acción concreta (presupuesto, nueva cita, envío de documentación).

Consejo profesional: Si ofreces una consulta inicial gratuita, cuida el equilibrio, aporta valor real, pero no regales tu trabajo. Puedes complementar con una guía, recursos o una propuesta clara de servicio.

## - 5. Construye confianza con resultados y relaciones

La confianza no se impone, se construye con coherencia, honestidad y prueba social.

Puedes mostrar tu experiencia sin vulnerar la confidencialidad de tus casos:

✓ Testimonios de personas que ya han trabajado contigo.

✓ Resultados medibles presentados de forma anónima.

✓ Participaciones en medios, eventos o colaboraciones relevantes.

**Ejemplo práctico:**

*«Gracias a mi intervención, una pyme logró recuperar una deuda de 12.000 € en menos de tres meses, sin necesidad de juicio».*

**EJERCICIO**:

Escribe dos ejemplos de logros que puedas comunicar (aunque sean pequeños), una vez eliminados datos confidenciales.

Prepara una plantilla de testimonio para pedir *feedback* a futuras personas clientas.

### ¿Y si necesitas ayuda para aplicar todo esto?

El enfoque comercial en la abogacía no siempre se enseña, pero sí se puede aprender. Y no tienes que hacerlo solo. Contar con una persona mentora que te acompañe en el desarrollo de estas habilidades es una decisión estratégica.

Como ya has visto en esta guía, trabajar con alguien que entienda tu etapa profesional, tus bloqueos y tu visión puede ahorrarte años de ensayo-error y darte estructura desde el primer momento.

Si te sientes identificado con este camino y buscas orientación personalizada para aplicarlo en tu caso concreto, recuerda que la mentoría es un espacio hecho justo para eso. Puedes empezar a explorar esa posibilidad hoy mismo.

## Conclusión

Tu posicionamiento profesional dependerá de:

- Marca personal: Define tu especialidad, comunica quién eres y qué aportas.
- Propuesta de valor: Sé claro y diferénciate de forma auténtica.
- *Networking* estratégico: Conecta con profesionales que sumen, desde la autenticidad.
- Mentoría: Rodéate de personas que ya han recorrido el camino.
- Visibilidad y enfoque comercial: Aprende a posicionarte, atraer y fidelizar a las personas adecuadas.

**EJERCICIO**: Diseña tu mini plan comercial

Propuesta de valor:
Escríbela en una frase clara y sencilla.

Cliente ideal:
Define a quién quieres atraer y cómo le ayudas.

Visibilidad:
Elige un canal y un tipo de contenido que compartirás esta semana.

Acción de *networking*:
Conecta con un profesional nuevo o retoma contacto con alguien de tu red.

Mentoría:
Piensa si es el momento de dar el siguiente paso con ayuda externa. Si es así, actúa.

> No necesitas ser perfecto. Solo necesitas ser visible, coherente y avanzar con intención. La abogacía no es solo saber derecho. Es saber quién eres, qué aportas y cómo vas a llegar a quienes te necesitan.

¡¡Enhorabuena!! Ya has definido qué Abogado quieres ser, a quien te vas a dirigir, tu propuesta de valor y qué acciones vas a llevar a cabo para poner en marcha tu profesión desde un nuevo enfoque.

# SEMANA 4:

# BIENESTAR Y EQUILIBRIO: VIDA-TRABAJO

La abogacía es una profesión exigente: plazos ajustados, clientes con altas expectativas y un entorno altamente competitivo pueden generar estrés y agotamiento. Sin embargo, es posible construir una carrera exitosa sin comprometer el bienestar personal.

En esta última semana, trabajaremos en herramientas para gestionar el estrés, adaptarnos a los cambios, elegir el camino profesional adecuado y diseñar un plan de acción alineado con nuestros valores y objetivos.

## 4.1. Inteligencia emocional y manejo del estrés

Ejercer la abogacía implica tomar decisiones bajo presión constante, gestionar conflictos, escuchar con atención a personas en situaciones críticas y mantener la claridad mental incluso cuando el entorno se vuelve exigente. La inteligencia emocional es una herramienta clave para desenvolverse en este entorno con eficacia, sin que ello implique sacrificar el bienestar personal.

## ¿Qué es la inteligencia emocional?

La inteligencia emocional es la capacidad de reconocer, comprender y gestionar tanto las propias emociones como las de las personas con las que se interactúa. Esta competencia es especialmente relevante en el ámbito jurídico, donde la tensión, la urgencia y la carga emocional suelen estar presentes.

Se compone de varios elementos:

- Autoconciencia: Saber identificar lo que uno está sintiendo en cada momento. Esto permite anticipar reacciones impulsivas o poco efectivas.
- Autorregulación: Capacidad para gestionar esas emociones, sobre todo en situaciones tensas. Implica responder con calma en lugar de reaccionar sin control.
- Empatía: Comprensión del estado emocional del otro, ya sea un cliente, un compañero o un juez. La empatía no es estar de acuerdo, sino entender lo que la otra parte está sintiendo.
- Habilidades sociales: Capacidad para comunicarse de forma clara, generar confianza y mantener relaciones profesionales sólidas y funcionales.

## Técnicas de manejo del estrés aplicadas a la abogacía

El estrés no siempre se puede evitar, pero sí se puede aprender a gestionarlo. A continuación, se proponen varias herramientas prácticas que pueden aplicarse en el día a día profesional:

- Respiración consciente: Antes de una reunión, juicio o llamada importante, realizar una respiración profunda durante 30 segundos ayuda a reducir la tensión física y mental.

> Ejemplo: Antes de entrar a una vista, una persona respira lentamente, inhalando por la nariz durante cuatro segundos, manteniendo el aire cuatro segundos, exhalando por la boca cuatro segundos y repitiendo el ciclo durante medio minuto. Esto le permite calmar los nervios y enfocarse mejor.

- Atención plena (mindfulness): Dedicar unos minutos diarios a estar presente en lo que se está haciendo (sin distraerse con el móvil, pensamientos futuros o interrupciones) ayuda a reducir la ansiedad y mejora la concentración.

> Ejemplo: Mientras redacta una demanda, una persona decide concentrarse solo en esa tarea durante 25 minutos sin mirar el correo ni responder mensajes. Esto aumenta su eficiencia y reduce el estrés asociado a la multitarea.

- Gestión del tiempo: Cuando se planifican correctamente las tareas y se definen prioridades, se reduce la sensación de estar desbordado. Esto ya se abordó en la Semana 2, pero aquí se retoma como parte del manejo emocional.

> Ejemplo: En vez de abordar cinco encargos a la vez, un abogado organiza su semana identificando qué tareas son urgentes y cuáles pueden esperar, bloqueando horarios realistas para cada una.

- Límites saludables: Decir «no» a encargos que exceden la capacidad actual no es una debilidad, sino una habilidad profesional clave. Saber poner límites evita la sobrecarga y preserva la calidad del trabajo.

> Ejemplo: Un cliente insiste en que se prepare un recurso con muy poco margen de tiempo. En vez de aceptar por compromiso, se explica que no es viable ofrecer un trabajo de calidad en ese plazo y se propone una alternativa.

- Desconexión digital: Evitar revisar correos o mensajes fuera del horario laboral permite que la mente se recupere. El descanso no solo es necesario, sino que aumenta la productividad.

> Ejemplo: Una persona establece la norma de no revisar el correo entre las 20:00 y las 08:00. Al día siguiente afronta los asuntos con más claridad y menos irritabilidad.

**EJERCICIO**: Registra tu estrés.

Detectar los principales factores de estrés y probar herramientas concretas para reducir su impacto.

Durante los próximos cinco días laborales, al final de cada jornada, escribe brevemente:

- Qué situación te generó mayor estrés.
- Qué emoción experimentaste. (Ej. frustración, miedo, ansiedad).
- Qué hiciste en ese momento (reacción).
- Qué técnica de las propuestas aplicaste o podrías haber aplicado.

Al finalizar la semana, revisa tu registro y reflexiona:

- ¿Qué patrones observas?
- ¿Qué técnicas te han resultado más eficaces?

**Ejemplo:**

- Situación: Cliente exigente pide cambios de última hora en una demanda.
- Emoción: Ansiedad y frustración.
- Reacción: Me enfadé internamente y me bloqueé durante 20 minutos.
- Técnica aplicada: Respiración consciente. Después retomé el trabajo con más claridad.
- Conclusión: En estos casos, respirar y pausar unos minutos me ayuda a reaccionar mejor.

### Conclusión

La inteligencia emocional no es un rasgo innato, sino una habilidad que se puede desarrollar con práctica y conciencia. En un entorno tan exigente como el jurídico, contar con herramientas para gestionar emociones y reducir el estrés marca una diferencia clara en la calidad del trabajo y en la sostenibilidad de la carrera a largo plazo. Aprender a parar, respirar, priorizar y establecer límites no es solo recomendable: es una necesidad profesional.

## 4.2. Resiliencia y adaptación a los cambios

La abogacía es una profesión dinámica. Cambian las leyes, cambian las herramientas, cambian los clientes y cambian las formas de ejercer. Lo que hoy es imprescindible, mañana puede quedar obsoleto. Ante este panorama, quienes desarrollan una buena capacidad de adaptación no solo sobreviven, evolucionan, se reinventan y encuentran nuevas oportunidades en medio de la incertidumbre.

## ¿Qué es la resiliencia en la abogacía?

La resiliencia es la capacidad para afrontar situaciones difíciles, superar obstáculos y salir reforzado del proceso. Un profesional resiliente no se define por lo que le ocurre, sino por cómo decide enfrentarlo. Esta cualidad se entrena y se convierte en una ventaja competitiva, permite mantener la motivación cuando los resultados no acompañan, adaptarse cuando el entorno cambia y seguir avanzando con confianza incluso cuando hay dudas o errores.

## Cómo fortalecer la resiliencia en el entorno jurídico

Algunas acciones clave para entrenar esta capacidad:

- Aceptar la incertidumbre: En el mundo jurídico no siempre se puede prever el resultado de una negociación, una sentencia o la reacción de un cliente. Aceptar esa incertidumbre y prepararse para varios escenarios posibles reduce el impacto emocional de lo inesperado.

  > Ejemplo: En lugar de confiar exclusivamente en que un procedimiento saldrá favorable, una persona diseña también el argumento en caso de recurso o negociación alternativa. Esto le permite mantener el control incluso si el resultado inicial no es el deseado.

- Aprender de los errores: En lugar de castigarse mentalmente por una equivocación, conviene analizar qué se podría haber hecho mejor. Un fallo no define una carrera, pero una reacción destructiva ante el error sí puede condicionar el futuro.

  > Ejemplo: Tras haber perdido un cliente por una entrega tardía, un abogado revisa su sistema de organización, automatiza recordatorios y

> delega mejor las tareas repetitivas. El error se convierte así en la base de una mejora real.

- Mantener una mentalidad de crecimiento: Entender que las habilidades no son fijas, sino que pueden desarrollarse, permite afrontar los cambios sin sentirse superado. Una mentalidad de crecimiento transforma los desafíos en oportunidades para aprender.

> Ejemplo: Aunque una persona no tiene formación en herramientas digitales, decide inscribirse en un curso de gestión documental jurídica para adaptarse a las exigencias actuales del mercado.

- Buscar apoyo profesional: Compartir desafíos con colegas, mentores o personas del mismo entorno permite ganar perspectiva y encontrar nuevas soluciones. La resiliencia no implica aguantar en silencio, sino saber cuándo pedir ayuda.

> Ejemplo: Un abogado joven que se siente estancado en su puesto decide hablar con una profesional con más experiencia, quien le orienta sobre cómo redirigir su carrera hacia una especialización con mayor proyección.

**EJERCICIO**: Desafío y aprendizaje.

Objetivo: Tomar conciencia de la capacidad propia para superar situaciones difíciles y extraer aprendizajes útiles para el futuro.

Elige una situación profesional que te haya resultado especialmente difícil (por ejemplo, una pérdida de cliente, un conflicto con un superior, un error en un procedimiento, una sensación de bloqueo profesional).

Escribe una breve descripción del hecho:

- ¿Qué ocurrió?
- ¿Cómo te sentiste en ese momento?
- ¿Cómo reaccionaste?
- A continuación, responde:
- ¿Qué hiciste para superarlo?
- ¿Qué has aprendido de esa experiencia?
- ¿Qué harías diferente si se repitiera?

**Ejemplo práctico:**

Situación: Me asignaron una presentación urgente para una reunión con un cliente extranjero. No entendí bien las instrucciones y preparé algo muy distinto a lo esperado.

Emoción: Frustración, vergüenza, inseguridad.

Reacción: Me bloqueé, pero pedí feedback al terminar.

Superación: Me ofrecí a rehacer la presentación y pedí más claridad en los objetivos.

Aprendizaje: La importancia de preguntar antes de empezar, y no dar por hecho que se ha entendido todo.

Acción futura: Ante encargos ambiguos, pedir confirmación por escrito para asegurar el enfoque correcto.

### Conclusión

Adaptarse al cambio es una de las habilidades más necesarias para avanzar con solidez en la abogacía actual. No se trata de resistir como si nada afectara, sino de aceptar que los obstáculos forman parte del camino y de que, con perspectiva y voluntad de aprendizaje, incluso los errores pueden convertirse en catalizadores de crecimiento. La resiliencia no elimina las dificultades, pero permite vivirlas de otra manera, con menos frustración, más estrategia y mayor confianza en la propia capacidad de superarlas.

## 4.3. Opciones de carrera: cuenta propia vs. cuenta ajena

Uno de los grandes dilemas al inicio de la carrera jurídica es decidir en qué contexto profesional se desea crecer, si integrarse en una estructura ya establecida (despacho, empresa o administración pública) o emprender un camino propio como profesional independiente. No existe una opción mejor que otra, pero sí una más adecuada según el perfil, los objetivos personales y el momento vital de cada persona.

### Trabajar por cuenta ajena

Esta opción incluye trabajar en un despacho de abogados, en el departamento jurídico de una empresa o en el sector público (oposiciones, asesoría jurídica institucional, etc.).

## Ventajas:

- Seguridad económica: Se cuenta con un salario estable, lo que proporciona tranquilidad para planificar la vida personal y profesional.
- Aprendizaje estructurado: Se accede a una curva de aprendizaje guiada por la experiencia de otros profesionales.
- Menor carga administrativa: No es necesario encargarse de la gestión del negocio, lo que permite centrarse más en lo jurídico.

## Inconvenientes:

- Menor flexibilidad: Los horarios suelen ser más rígidos y hay menor capacidad de decisión sobre la organización del trabajo.
- Presión jerárquica y del cliente: Hay que rendir cuentas a superiores y ajustarse a dinámicas internas.
- Crecimiento condicionado: La posibilidad de ascenso o especialización depende de la estructura y la política de la organización.

### Ejemplo práctico:

Una persona que valora la estabilidad y prefiere trabajar en equipo opta por entrar en una asesoría jurídica de una empresa, donde se le asignan tareas concretas y puede aprender de perfiles más senior sin asumir aún responsabilidades de captación o gestión.

## Trabajar por cuenta propia

Esta vía abarca desde abrir un despacho individual o colectivo hasta ofrecer servicios como freelance o consultor especializado.

### Ventajas:

- Autonomía total: Se tiene control sobre el tipo de casos, los clientes, el horario y la estrategia del negocio.
- Posibilidad de especialización: Se puede definir un nicho propio, alineado con intereses personales o con demandas del mercado.
- Potencial económico: Aunque al principio puede ser más difícil, con una buena estrategia se puede lograr una rentabilidad superior.

### Inconvenientes:

- Ingresos inestables: Los primeros meses o incluso años pueden ser económicamente irregulares.
- Mayor carga de gestión: Es necesario encargarse de aspectos administrativos, financieros y comerciales.
- Riesgo personal: Se asumen todas las responsabilidades del negocio, lo que implica mayor presión.

#### Ejemplo práctico:

Una abogada con espíritu emprendedor y experiencia previa en despachos decide abrir su propio despacho especializado en derecho de familia. Invierte en una pequeña página web, comienza a ofrecer primeras consultas y se apoya en recomendaciones para captar sus primeros clientes. Aunque al principio tiene menos ingresos, valora positivamente la libertad de decidir sobre cada aspecto de su trabajo.

## ¿Cómo elegir la opción más adecuada?

Para tomar una decisión consciente, es útil reflexionar sobre tres aspectos clave:

### Perfil personal:

¿Se prefiere un entorno más estable, con estructura y referentes claros, o se valora más la autonomía y la libertad para tomar decisiones?

### Tolerancia al riesgo:

¿Hasta qué punto se está dispuesto a asumir incertidumbre? ¿Existe una predisposición natural al emprendimiento o se prefiere minimizar imprevistos?

### Situación financiera actual:

¿Se cuenta con un colchón económico que permita afrontar los primeros meses de ingresos inestables? ¿Qué necesidades económicas hay a corto plazo?

**EJERCICIO**: Comparativa personal.

Haz dos listas:

1. Tres razones por las que optarías por trabajar por cuenta ajena.
2. Tres razones por las que optarías por trabajar por cuenta propia.

> Reflexiona sobre:
> ¿Con cuál te sientes más identificado ahora mismo?
> ¿Cuál se ajusta mejor a tu estilo de vida actual y a tus prioridades?

**Ejemplo de reflexión:**

Cuenta ajena:

- Quiero un ingreso estable desde el principio.
- Me motiva aprender de otros profesionales con experiencia.
- No me siento preparado para gestionar un negocio propio.

Cuenta propia:

- Quiero decidir qué tipo de clientes atender.
- Me gustaría tener más libertad horaria.
- Me interesa crear una marca personal y diferenciarme.

Reflexión final: En este momento valoro más la estabilidad, así que empiezo por cuenta ajena mientras desarrollo progresivamente una idea de negocio para el futuro.

**Conclusión:**

Elegir entre cuenta ajena o cuenta propia no es una decisión definitiva, ni excluyente. Muchas personas combinan ambas vías en distintas etapas de su carrera. Lo importante es ser honesto con uno mismo, entender las implicaciones de cada opción y tomar decisiones alineadas con las propias metas, valores y momento vital. Lo que hoy es adecuado, puede no serlo dentro de dos años, y viceversa. Lo esencial es avanzar con claridad, flexibilidad y criterio.

## 4.4. Desarrollo de un plan de acción personalizado

Todo lo aprendido en estas semanas cobra sentido cuando se transforma en decisiones concretas. Diseñar un plan de acción personal permite traducir los conocimientos en pasos definidos que acercan a los objetivos profesionales de forma organizada, realista y medible.

Este plan no es estático, puede y debe adaptarse según cambien las circunstancias. Lo importante es que actúe como una hoja de ruta que oriente las decisiones y permita avanzar con dirección y sentido.

### Pasos para crear tu plan de acción

#### Paso 1: Definir un objetivo profesional claro

El primer paso es concretar qué se quiere lograr en un plazo de entre seis y doce meses. Cuanto más específico, mejor.

- Ejemplo: «Quiero especializarme en Derecho Digital y conseguir mis primeros tres clientes freelance».
- Explicación: Evita objetivos vagos como «mejorar profesionalmente». El objetivo debe ser alcanzable, motivador y tener un horizonte temporal claro.

#### Paso 2: Identificar tus fortalezas actuales

Analiza tus habilidades, conocimientos y recursos actuales. Esto servirá como base para construir el camino.

- Ejemplo: «Tengo buena redacción jurídica y conocimientos en protección de datos».

- Explicación: Recupera el análisis realizado en la Semana 1. Reconocer lo que ya funciona permite aprovecharlo y potenciarlo en la estrategia futura.

## Paso 3: Detectar áreas de mejora

Ningún perfil es completo desde el inicio. Identificar los puntos débiles no es una señal de falta de preparación, sino de madurez profesional.

- Ejemplo: «Necesito mejorar mis conocimientos en herramientas digitales para abogados, así que haré un curso de LegalTech».
- Explicación: Aquí se trata de concretar qué competencias necesitas reforzar para acercarte al objetivo definido en el paso 1.

## Paso 4: Diseñar una estrategia de *networking*

La carrera jurídica no se construye en soledad. Establecer vínculos con otros profesionales del sector amplía oportunidades, visibilidad y aprendizaje.

- Ejemplo: «Asistiré a dos eventos jurídicos en los próximos tres meses y actualizaré mi perfil de LinkedIn con contenido sobre Derecho Digital».
- Explicación: El *networking* efectivo no consiste en acumular contactos, sino en generar relaciones con valor mutuo y presencia profesional coherente.

## Paso 5: Establecer hitos y plazos

Un plan sin fechas se queda en intención. Definir microacciones con tiempos concretos permite medir avances y hacer ajustes cuando sea necesario.

- Ejemplo: «En una semana tendré listo el calendario de contenidos para LinkedIn». «En un mes lanzaré mi web profesional». «En un mes quiero haber conseguido al menos tres clientes independientes».
- Explicación: Los hitos deben ser realistas y evaluables. Pueden cambiar con el tiempo, pero tenerlos definidos ayuda a mantener el enfoque.

**EJERCICIO**: Diseña tu propio plan.

Objetivo: Elaborar un plan de acción personal alineado con tu situación actual, tus metas y tus valores.

Instrucciones:
Rellena los cinco pasos con tus propias respuestas.
Revísalo dentro de 30 días. Evalúa qué has conseguido, qué puedes ajustar y qué nuevos retos quieres incorporar.
Si es posible, comparte tu plan con una persona de confianza o un mentor para recibir perspectiva externa.

## Ejemplo completo:

| PASO | ACCIÓN |
|---|---|
| **Objetivo** | Especializarme en Derecho Digital y conseguir tres clientes freelance. |
| **Fortalezas** | Experiencia en privacidad, buena redacción jurídica, dominio del inglés. |
| **Áreas de mejora** | Conocimiento de LegalTech, captación de clientes, *marketing* digital. |
| **Networking** | Participar en eventos sectoriales y publicar en LinkedIn una vez por semana. |
| **Hitos** | En una semana:<br>Inscribirme en curso de LegalTech.<br><br>En un mes:<br>Tener mi web profesional publicada.<br><br>En un mes:<br>Conseguir al menos tres clientes. |

## Conclusión:

Un plan de acción no tiene que ser perfecto, pero sí tiene que ser tuyo. Es una herramienta para mantener el foco, evaluar tu progreso y tomar decisiones con sentido. Establecer un objetivo, reconocer tus recursos, identificar lo que necesitas mejorar y poner fechas a tus pasos es lo que convierte las ideas en resultados.

La abogacía se construye con trabajo, sí, pero también con dirección. Y este plan es el punto de partida para ejercer tu profesión con claridad, estrategia y equilibrio.

Hemos trabajado los pilares que permiten construir una carrera jurídica más sólida, sostenible y consciente. Porque ejercer con excelencia no implica dejarse la piel en cada proceso, sino aprender a gestionar la presión, adaptarse con flexibilidad, tomar decisiones alineadas con el estilo de vida deseado y actuar con intención.

## Para reflexionar:

- La inteligencia emocional no es un adorno, sino una herramienta imprescindible para relacionarse mejor con uno mismo, con el entorno profesional y con las exigencias del día a día.
- La resiliencia no consiste en aguantar sin más, sino en transformarse a partir de los desafíos.
- Elegir el tipo de carrera es una decisión personal que cambia con el tiempo, y lo importante es que esté basada en la realidad y no en la expectativa ajena.
- El plan de acción no es una lista de tareas, sino una brújula para avanzar con criterio, claridad y equilibrio.
- Has cerrado esta etapa con una mirada más estratégica sobre tu desarrollo profesional, entendiendo que cuidar de tu bienestar no es incompatible con tu ambición. De hecho, es lo que la sostiene.

Con esta semana concluye el trabajo práctico, pero no la guía. A continuación, encontrarás las plantillas y recursos que hemos ido comentando a lo largo de la guía. Y un último apartado de cierre, un espacio de reflexión para consolidar todo lo aprendido, revisar tu evolución y proyectarte hacia adelante con confianza y determinación.

Porque este no es el final del camino. Es el inicio de una forma distinta de ejercer, desde la seguridad interna, la conciencia profesional y el respeto por tus propios ritmos.

Vamos allá.

# RESUMEN DE EJERCICIOS Y HERRAMIENTAS DE TRABAJO

Este capítulo recopila todos los ejercicios prácticos trabajados durante la guía, clasificados por semana y objetivo. Puedes usarlos para repasar, volver a aplicarlos o introducirlos en tu rutina profesional como herramientas de reflexión y mejora continua.

## 5.1 Semanas y ejercicios

### Semana 1:
### Conócete como Profesional Jurídico

**Ejercicio 1**: Matriz de habilidades y valores.

Identifica tus habilidades técnicas, habilidades blandas, conocimientos jurídicos y fortalezas personales.

Define qué valores guían tu ejercicio profesional.

> Objetivo: Tomar conciencia de tu perfil actual y construir tu marca desde la autenticidad.

**Ejercicio 2**: Mapa de motivaciones.

Reflexiona por qué decidiste estudiar Derecho y qué deseas construir con tu carrera.

> Objetivo: Conectar con tu propósito profesional y personal.

## Semana 2: Organización y Gestión del Tiempo

**Ejercicio 3**: Diario de actividades.

Registra durante tres días tus tareas reales y el tiempo dedicado.

> Objetivo: Detectar fugas de tiempo, mejorar la planificación y ganar foco.

**Ejercicio 4**: Matriz de priorización (Eisenhower).

Clasifica tus tareas en cuatro cuadrantes: urgente/importante, importante/no urgente, etc.

> Objetivo: Diferenciar lo prioritario de lo prescindible y delegable.

**Ejercicio 5**: Rutina de revisión semanal.

Agenda un momento fijo cada semana para revisar objetivos, tareas pendientes y próximos pasos.

> Objetivo: Crear una rutina de gestión autónoma y estratégica.

## Semana 3:
## Comunicación y Posicionamiento Profesional

**Ejercicio 6**: Elevator pitch.

Redacta una presentación breve sobre quién eres, qué haces y cómo puedes aportar valor.

> Objetivo: Comunicar con claridad y seguridad tu perfil profesional.

**Ejercicio 7**: Auditoría de presencia digital.

Revisa tu perfil en redes profesionales, CV y materiales de presentación.

> Objetivo: Alinear tu imagen externa con tu perfil real y tus objetivos.

**Ejercicio 8**: Mapa de contactos y *networking*.

Identifica contactos actuales, contactos deseados y próximos pasos para generar nuevas conexiones.

> Objetivo: Construir una red de apoyo profesional sólida.

## Semana 4: Bienestar y Equilibrio Vida-Trabajo

**Ejercicio 9**: Registro de estrés.

Durante cinco días, anota situaciones de estrés, emociones asociadas y cómo reaccionaste.

> Objetivo: Detectar patrones y aplicar técnicas de autorregulación.

**Ejercicio 10**: Reencuadre de un desafío.

Elige una situación difícil, analiza cómo la viviste y qué aprendizaje puedes extraer.

> Objetivo: Desarrollar resiliencia y mentalidad de mejora continua.

**Ejercicio 11**: Comparativa profesional.

Haz una lista con tres motivos para trabajar por cuenta ajena y tres para hacerlo por cuenta propia.

> Objetivo: Tomar decisiones con mayor consciencia sobre el estilo profesional que deseas.

**Ejercicio 12**: Plan de acción personalizado.

Define tu objetivo a 6-12 meses, fortalezas, áreas a mejorar, estrategia de *networking* y hitos con fechas.

> Objetivo: Consolidar todo lo aprendido en un plan claro, concreto y accionable.

## 5.2. Plantillas Útiles para Aplicar lo Aprendido

Plantilla: Plan de Acción Profesional.

- Objetivo a 6-12 meses: ____________________
- Fortalezas clave: ____________________
- Áreas de mejora: ____________________
- Estrategia de *networking*: ____________________
- Primeros hitos con fecha: ____________________

Plantilla: Matriz de Priorización (Eisenhower).

- Hacer ya.
- Planificar.
- Delegar.
- Eliminar.

Plantilla: *Checklist* de Gestión de Casos.

☑ Revisión inicial del caso.
☑ Calendario procesal creado.
☑ Estrategia jurídica definida.
☑ Comunicación con cliente establecida.
☑ Tareas delegadas/automatizadas.
☑ Seguimiento regular programado.
☑ Evaluación y cierre documentado.

**Ejercicio final:**

Escoge uno de los ejercicios que no hayas completado aún y comprométete a trabajarlo esta semana.

Ponlo en tu agenda como una cita contigo mismo.

## Conclusión

Con este capítulo final, tienes una caja de herramientas para acompañarte en las distintas etapas de tu carrera. Vuelve a ellas cada vez que lo necesites, mejóralas con tu experiencia, y no olvides que el crecimiento profesional es un proceso continuo. Ahora es tu turno de tomar las riendas.

# ESPACIO DE REFLEXIÓN FINAL

Esta guía no ha sido un manual teórico, sino una hoja de ruta diseñada para ayudarte a observar tu carrera desde una nueva perspectiva. A lo largo de estas semanas has explorado tus fortalezas, tus áreas de mejora, tus valores, tus decisiones y tus emociones. Has hecho espacio para pensar en ti, no solo como abogado, sino como profesional completo, con aspiraciones, dudas, límites y posibilidades.

Este último apartado es una invitación a parar, mirar atrás con honestidad y mirar hacia adelante con propósito.

**Revisión del camino recorrido**

Tómate unos minutos en silencio y responde estas preguntas por escrito. No hay respuestas correctas, solo importa que sean tuyas.

1. ¿Qué aprendizajes me llevo de esta guía?

Haz una lista concreta, sin adornos. Desde conocimientos técnicos hasta ideas clave o formas nuevas de ver tu profesión.

2. ¿Qué ha cambiado en mi forma de pensar o sentir sobre mi carrera desde que empecé esta guía?

Reflexiona sobre tus creencias, tus miedos, tus deseos. ¿Qué ha evolucionado?

3. ¿Qué me ha resultado más difícil? ¿Y qué me ha sorprendido positivamente?

Detectar los momentos incómodos o las resistencias también es parte del proceso.

4. ¿Qué decisiones profesionales quiero tomar a partir de ahora?

Pueden ser pequeñas o grandes: actualizar tu CV, contactar con un mentor, decir que no a ciertos encargos, iniciar un cambio de rumbo...

5. ¿Cómo me comprometo a cuidar mi equilibrio personal en el ejercicio de mi profesión?

Define al menos una acción concreta para no perder de vista tu bienestar.

## Proyección hacia adelante

Una vez revisado el recorrido, plantea cómo quieres seguir construyendo tu camino profesional:

- ¿Qué visión tienes de ti mismo dentro de un año?
- ¿Qué necesitas aprender o reforzar para llegar ahí?
- ¿Con quién puedes contar en el proceso?
- ¿Qué vas a hacer esta misma semana para dar un paso en esa dirección?

Has llegado al final de esta guía, pero no al final de tu desarrollo profesional. Esto es solo un punto de partida más consciente, más estratégico y más alineado contigo.

Construir una carrera jurídica satisfactoria no es cuestión de tener todas las respuestas, sino de saber hacerse las preguntas adecuadas y estar dispuesto a actuar con claridad, incluso en medio de la incertidumbre.

Que este trabajo no se quede en un documento, sino que se convierta en una práctica. Vuelve a él cada vez que sientas que pierdes el norte. Reescribe tu plan. Renueva tus compromisos. Reajusta tu mirada.

Porque, al final, la carrera que merece la pena no es la más perfecta. Es la que te permite avanzar con sentido.

# Epílogo
## por Laín García Calvo

Si realmente quieres tener éxito, necesitas un MENTOR!

Mira:

- WARREN BUFFET es el inversor más importante del planeta, y tenía como MENTOR a Benjamin Graham.
- SIMON COWELL, creador de los programas "American Idol" o "Factor X", también tuvo como MENTOR a Philip Green.
- Mark Zukerberg, creador de Facebook y dueño de Instagram o WhatsApp, tuvo como MENTOR a Mark Andreessen.
- El padre de ALEJANDRO MAGNO, el conquistador más grande de la historia, cuando él tenía 14 años contrató a Aristóteles como MENTOR para que enseñara a su hijo y viajara con él.
- ARISTÓTELES, a su vez, tuvo como MENTOR a Platón.
- PLATÓN tuvo como MENTOR a Sócrates.
- OPRAH WINFREY tuvo como MENTOR a Mary Duncan.
- STEVE JOBS tuvo como MENTOR a Robert Freeland.
- MICHAEL JORDAN también tuvo MENTOR, se llama Dean Smith.
- ALBERT EISNTEIN y su MENTOR Max Tamley, todos los jueves almorzaba con él y su familia y aprendía matemáticas.

Gracias Ale por escribirlo.

LAÍN,

Autor de la saga *LA VOZ DE TU ALMA.*

# Da el siguiente paso en tu carrera jurídica

Si has llegado hasta aquí, ya formas parte de ese grupo de abogados que no se conforman con saber *qué hacer*, sino que quieren hacerlo *bien, con propósito y con estrategia*.

Para ayudarte a dar ese salto, he creado un **Programa de Mentoría exclusivo**, diseñado para jóvenes abogados que quieren:

- Convertirse en referentes en su especialidad.
- Aprender a gestionar sus casos y su tiempo con eficacia.
- Ganar seguridad en su día a día profesional.
- Construir una carrera sólida y alineada con sus valores.

**Abrimos solo dos ediciones al año**, con plazas limitadas para garantizar un acompañamiento cercano y personalizado.

El programa tiene una duración de **cuatro semanas intensivas** más **dos meses de seguimiento estratégico**, donde trabajaremos juntos en tu evolución profesional.

Si sientes que es tu momento, este programa es para ti. No tienes que recorrer este camino solo.

Reserva tu plaza o solicita más información aquí:
**equipo@alejandramarques.es**

¡Nos vemos dentro!

# AGRADECIMIENTOS

A lo largo de mi carrera he tenido la fortuna de cruzarme con personas que, de una forma u otra, contribuyeron a mi crecimiento profesional y personal. Esta guía es también fruto de esas influencias, de las conversaciones compartidas, de los consejos recibidos y de los ejemplos que me inspiraron a ser mejor abogada y mejor persona.

Quiero agradecer, en primer lugar, a quienes fueron mis primeros maestros en la profesión, aquellos que, con paciencia y exigencia a partes iguales, me enseñaron que el Derecho se ejerce con rigor, humildad y responsabilidad.

A mis compañeros de despacho —pasados y presentes— por los desafíos compartidos, por las horas de estudio, por las dudas que resolvimos juntas y por las que nos obligaron a seguir aprendiendo.

A mis mentores profesionales, especialmente a José Antonio Fernández Alarcón, con quien compartí muchos años de trabajo y que tuvo la paciencia de enseñarme, acompañarme y confiar en mí desde la primera entrevista.

A Francisco Albertí, amigo y compañero, por su apoyo constante y su presencia en los momentos clave.

A Sara Jane Brown, la primera mentora que me invitó a repensar mi camino profesional cuando aún no sabía hacia dónde quería ir.

A Roxana Marroquín, consultora y mentora, que me ayudó a definir mi propia transformación profesional con claridad y valentía.

A Ana Seijo, que con infinita paciencia y muchísimo sentido del humor me acompañó en el proceso de aterrizar todas mis ideas para convertirlas en una metodología real y útil.

A Miriam Nogueira, por organizar eventos de TWT increíbles donde siempre aprendo cosas nuevas rodeada de mujeres excepcionales.

A Ana Risco, quien me apoya de forma ambivalente, cuando ejerzo de Abogada y cuando ejerzo de Mentora.

A Andrés Cárdenas, de Rapitbook por su paciencia y acompañamiento en esta nueva aventura de escribir y publicar un libro.

A Laín, mi mentor de negocios, que me recuerda a diario que no pierda el foco, y de quien recibo aprendizajes tan valiosos como numerosos.

A Kitty, que creyó en esta guía cuando no era más que una idea en ciernes.

A mis compañeras de viajes, porque compartir los sueños con ellas, ha supuesto que me empujasen a cumplirlos.

A mis amistades, que me sostienen, me inspiran y celebran cada paso que doy, incluso cuando yo misma dudo del camino.

Y, por supuesto, a mi familia, cuyo apoyo ha sido siempre la base de todo. Gracias por impulsarme, por creer en mí incluso cuando yo misma no lo veía claro, y por acompañarme en cada etapa con amor, paciencia y entusiasmo. Esta guía también es vuestra.

Finalmente, a los jóvenes abogados que he tenido el privilegio de acompañar. Ellos han sido, sin saberlo, una fuente constante de inspiración. Verlos avanzar me recordó por qué elegí esta profesión y por qué vale la pena transmitir lo aprendido.

Este libro está dedicado a todos ellos... y también a quienes, de forma inevitable, me olvidaré de mencionar: gracias.